BIBLIOTHÈQUE CONTEMPORAINE

PIERRE LOTI
DE L'ACADÉMIE FRANÇAISE

LE LIVRE
DE LA PITIÉ ET DE LA MORT

DOUZIÈME ÉDITION

PARIS
CALMANN LÉVY, ÉDITEUR
RUE AUBER, 3, ET BOULEVARD DES ITALIENS, 15
A LA LIBRAIRIE NOUVELLE

1891

DERNIÈRES PUBLICATIONS

Format grand in-18, à 3 fr. 50 le volume

	vol.
ÉMILE AUGIER	
Théâtre complet	7
JULES BARBIER	
Fleur blessée	1
BARDOUX	
Madame de Custine	1
DUC DE BROGLIE	
Marie-Thérèse, impératrice	2
Mme CALMON	
Cœurs droits	1
ÉDOUARD DELPIT	
Plein cœur	1
GEORGE ELIOT	
Les Middlemarch	2
OCTAVE FEUILLET	
Honneur d'artiste	1
A. GENNEVRAYE	
Histoire invraisemblable	1
ANTOINE GUILLOIS	
Pendant la Terreur	1
GYP	
Une Passionnette	
HENRY HOUSSAYE	
Aspasie, Cléopâtre, Théodora	
PIERRE LOTI	
Le Roman d'un Enfant	
RICHARD O'MONROY	
Soyons gais!	
HENRY RABUSSON	
Hallali!	
COMTE DE SAINT-AULAIRE	
La Vocation d'Angèle	
PIERRE SALES	
Pierre Sandrac	
ED. SCHERER	
Histoire de la Littérature française au XVIIIe siècle	
CARMEN SYLVA	
Qui frappe?	
LÉON DE TINSEAU	
Du Havre à Marseille, par l'Amérique et le Japon	

Paris — Imprimerie J. CATHY, 3, rue Auber.

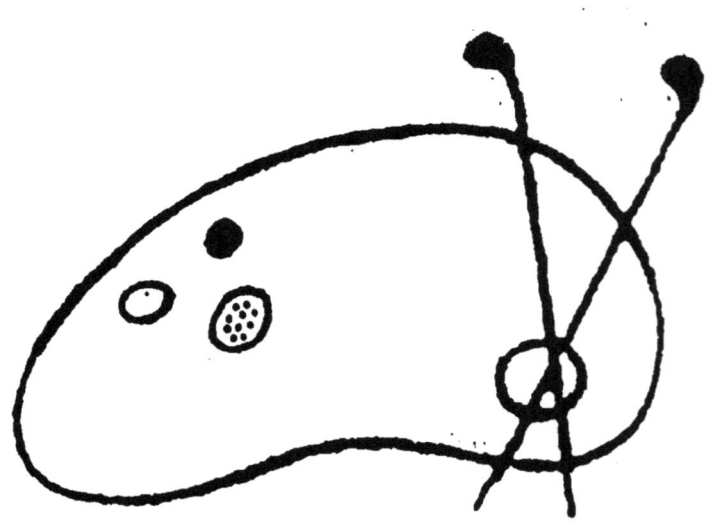

Fin d'une série de documents
en couleur

8° Y²
22419

LE LIVRE
DE LA PITIÉ ET DE LA MORT

CALMANN LÉVY, ÉDITEUR

DU MÊME AUTEUR

Format grand in-18

AU MAROC.	1 vol.
AZIYADÉ.	1 —
FLEURS D'ENNUI.	1 —
JAPONERIES D'AUTOMNE.	1 —
LE MARIAGE DE LOTI	1 —
MON FRÈRE YVES	1 —
PÊCHEUR D'ISLANDE.	1 —
PROPOS D'EXIL.	1 —
LE ROMAN D'UN ENFANT.	1 —
LE ROMAN D'UN SPAHI	1 —

Format in-8° cavalier

MADAME CHRYSANTHÈME, imprimé sur magnifique vélin et illustré d'un grand nombre d'aquarelles et de vignettes par Rossi et Myrbach. . . 1 vol.

Droits de reproduction et de traduction réservés pour tous les pays, y compris la Suède et la Norvège.

IMPRIMERIE CHAIX, RUE BERGÈRE, 20, PARIS. — 13698-7-91.

LE LIVRE
DE LA PITIÉ ET DE LA MORT

PAR

PIERRE LOTI

de l'Académie française

DOUZIÈME ÉDITION

PARIS
CALMANN LÉVY, ÉDITEUR
ANCIENNE MAISON MICHEL LÉVY FRÈRES
3, RUE AUBER, 3
—
1891

A MA MERE BIEN AIMÉE,

Je dédie ce livre,
Sans crainte, parce que la foi chrétienne lui permet de lire avec sérénité les plus sombres choses.

AVERTISSEMENT DE L'AUTEUR

> « Ah ! insensé qui crois que tu n'es pas moi. »
> V. Hugo. (*Les Contemplations.*)

Ce livre est encore plus moi que tous ceux que j'ai écrits jusqu'à ce jour.

Il renferme même un long chapitre (le neuvième, pages 221 à 286) que je n'ai consenti à livrer à aucune revue, de peur qu'il ne tombât sous les yeux de gens quelconques, sans que j'aie pu les avertir.

D'abord, je voulais ne pas publier ce passage. Mais j'ai songé à mes amis inconnus : un seul mouvement de leur sympathie lointaine, je regretterais trop de m'en priver... Et puis j'ai toujours cette impression que, dans l'espace et dans la durée, je recule les limites de mon âme en la mêlant un peu aux leurs ; quelques instants de plus, après que j'aurai passé, la mémoire de ces frères gardera peut-être vivantes de chères images que j'y aurai gravées.

Ce besoin de lutter contre la mort est d'ailleurs — après le désir de faire quelque bien si l'on s'en croit capable — la seule raison immatérielle que l'on ait d'écrire.

Parmi ceux qui font profession d'*étudier* les œuvres de leur prochain, il en est bon nombre avec lesquels je n'ai rien de commun, ni les idées ni le langage. Moins que jamais je me sens capable d'irritation contre eux, tant j'ai appris à tenir compte, avant de juger les autres hommes, des différences naturelles ou acquises.

Mais cette fois est la première où leur gouaillerie aurait quelque chance de m'être pénible, si elle parvenait jusqu'à moi, parce qu'elle pourra porter sur des choses et des êtres qui me sont sacrés; je leur donne vraiment la partie belle en publiant ce livre. Aussi vais-je essayer de leur dire ici : faites-moi donc la grâce de ne pas le lire, il ne contient rien qui soit pour vous, — et il vous ennuiera tant, si vous saviez!...

PIERRE LOTI.

RÊVE

RÊVE

Je voudrais connaître une langue à part, dans laquelle pourraient s'écrire les visions de mes sommeils. Quand j'essaie avec les mots ordinaires, je n'arrive qu'à construire une sorte de récit gauche et lourd, à travers lequel ceux qui me lisent ne doivent assurément rien voir; moi seul, je puis distinguer encore, derrière l'*à peu près* de ces mots accumulés, l'insondable abîme.

Il paraît que les rêves, même ceux qui nous semblent les plus longs, n'ont qu'une durée à peine appréciable, rien que ces instants toujours très fugitifs où l'esprit flotte entre la veille et le sommeil ; mais nous sommes trompés par l'excessive rapidité avec laquelle leurs mirages se succèdent et changent ; ayant vu passer tant de choses, nous disons : j'ai rêvé toute une nuit, quand à peine avons-nous rêvé pendant une minute.

* * *

La vision dont je vais parler n'a peut-être pas eu, comme durée réelle, plus de quelques secondes, car elle m'a paru à moi-même fort courte.

La première image s'est éclairée en deux ou trois fois, par saccades légères, comme si, derrière un transparent, on remontait par petites secousses la flamme d'une lampe.

D'abord une lueur indécise, de forme allongée, — attirant l'attention de mon esprit au sortir du plein sommeil, de la nuit et du non-être.

Puis la lueur devient une traînée de soleil, entrant par une fenêtre ouverte et s'étalant sur un plancher. En même temps, mon attention, plus excitée, s'inquiète tout à coup ; vague ressouvenir de je ne sais quoi, pressentiment rapide comme l'éclair de quelque chose qui va me remuer jusqu'au fond de l'âme.

Cela se précise : c'est le rayon d'un soleil du soir, venant d'un jardin sur lequel cette fenêtre donne ; — jardin exotique où, sans les avoir vus, je sais à présent qu'il y a des manguiers. Dans cette traînée lumineuse sur le plancher, l'ombre d'une plante, qui est dehors, se découpe et tremble doucement, — l'ombre d'un bananier...

Et maintenant les parties relativement

obscures s'éclairent ; — dans la pénombre, les objets se dessinent, — et je vois tout, avec un inexprimable frisson !

Rien que de très simple pourtant ; un petit appartement dans quelque maison coloniale, aux murs de bois, aux chaises de paille. Sur une console, une pendule du temps de Louis XV, dont le balancier tinte imperceptiblement. Mais j'ai déjà vu tout cela et j'ai conscience de l'impossibilité où je suis de me rappeler où, et je m'agite avec angoisse derrière cette sorte de voile ténébreux qui est tendu à un point donné dans ma mémoire, arrêtant les regards que je voudrais plonger au delà, dans je ne sais quel recul plus profond.

... C'est bien le soir, c'est bien la lueur dorée d'un soleil qui va s'éteindre, — et les aiguilles de la pendule Louis XV marquent six heures... Six heures de quel jour à jamais perdu dans le gouffre éternel ? de quel jour, de quelle année lointaine et disparue ?

Ces chaises ont aussi un air ancien. Dans l'une d'elles est posé un large chapeau de femme, en paille blanche, d'une forme démodée depuis plus de cent ans. Mes yeux s'y arrêtent et alors l'indicible frisson me secoue plus fort... La lumière baisse, baisse ; maintenant, c'est à peine l'éclairage trouble des rêves ordinaires... Je ne comprends pas, je ne sais pas, — mais, malgré tout, je sens que j'ai été au courant des choses de cette maison et de la vie qui s'y mène, — cette vie plus mélancolique et plus exilée des colonies d'autrefois, alors que les distances étaient plus grandes et les mers plus inconnues.

Et tandis que je regarde ce chapeau de femme, qui s'efface peu à peu, comme tout ce qui est là, dans des gris crépusculaires, cette réflexion me vient, faite en ma tête par un autre que par moi-même : « Alors, c'est qu'*elle* est rentrée. »

— En effet, ELLE apparaît. *Elle*, derrière moi sans que je l'aie entendue venir ; *elle*, restant dans la partie obscure, dans le fond de l'appartement où ce reflet de soleil n'arrive pas ; *elle*, très vague comme une esquisse tracée en couleurs mortes sur de l'ombre grise.

Elle, très jeune, créole, nu-tête avec des boucles noires disposées autour du front d'une manière surannée ; de beaux yeux limpides, ayant l'air de vouloir me parler, avec un mélange d'effarement triste et d'enfantine candeur ; peut-être pas absolument belle, mais possédant le suprême charme... Et puis surtout c'était ELLE ! *Elle*, un mot qui par lui-même est d'une douceur exquise à prononcer : un mot qui, pris dans le sens où je l'entends, résume en lui toute la raison qu'on a de vivre, exprime presque l'ineffable et l'infini. Dire que je la reconnaissais serait une expression bien banale et bien faible ; il y avait beaucoup plus, tout mon être s'élançait vers elle, avec une force profonde et comme enchaînée, pour la ressaisir ; et ce mouvement avait je ne sais quoi de sourd, d'affreusement étouffé, comme l'effort impossible de quelqu'un qui chercherait à reprendre son propre souffle et sa propre vie, après des années et des années passées sous le couvercle d'un sépulcre...

*
* *

Habituellement une émotion très forte éprouvée dans un rêve en brise les fils impalpables, et c'est fini : on s'éveille ; la trame fragile, une fois rompue, flotte un instant, puis retombe, s'évanouit d'autant plus vite que l'esprit s'efforce davantage à la retenir, — disparaît, comme une gaze déchirée dans le vide, qu'on voudrait poursuivre et que le vent emporte au fond des lointains inaccessibles.

Mais non, cette fois, je ne m'éveillai pas et le rêve continua, en s'éteignant; le rêve se prolongea en traînée mourante.

Un instant, nous restâmes l'un devant l'autre, arrêtés, dans notre élan de souvenir, par je ne sais quelle sombre inertie; sans voix pour nous parler, et presque sans pensée, croisant seulement nos regards de fantômes avec un étonnement et une délicieuse angoisse... Puis nos yeux aussi se voilèrent, et nous devînmes des formes plus vagues encore, accomplissant des choses insignifiantes et involontaires. La lumière baissait, baissait toujours; on n'y voyait presque plus. Elle sortit, et je la suivis dans une espèce de salon aux murs blanchis, vaste, à peine garni de meubles simples — comme d'ordinaire dans les habitations des planteurs.

Une autre ombre de femme qui nous attendait là, vêtue d'une robe créole, — une femme âgée que je reconnus aussi tout de suite et qui lui ressemblait, sa mère sans doute, — se leva à notre approche et nous sortîmes tous les trois, sans nous être concertés, comme obéissant à une habitude... Mon Dieu, que de mots et que de longues phrases pour expliquer lourdement tout cela qui se passait sans durée et sans bruit, entre personnages diaphanes comme des reflets, se mouvant sans vie dans une obscurité toujours croissante, plus décolorée et plus trouble que celle de la nuit.

Nous sortîmes tous trois, au crépuscule, dans une petite rue triste, triste, bordée de maisonnettes coloniales basses sous de grands arbres; au bout, la mer, vaguement devinée ; une impression de dépaysement, de lointain exil, quelque chose comme ce que l'on devait éprouver au siècle passé dans les rues de la Martinique ou de la Réunion, mais avec la grande lumière en moins, tout cela vu dans cette pénombre où vivent les morts. De grands oiseaux tournoyaient dans le ciel lourd ; malgré cette obscurité, on avait conscience de n'être qu'à cette heure encore claire qui vient après le soleil couché. Évidemment nous accomplissions là un acte habituel ; dans ces ténèbres toujours plus épaisses, qui n'étaient pas celles de la nuit, nous refaisions *notre promenade du soir.*

Mais les impressions perçues allaient s'éteignant toujours ; les deux femmes n'étaient plus visibles ; il ne me restait d'elles que la notion de deux spectres légers et doux cheminant à mes côtés... Puis, plus rien ; tout s'éteignit à jamais dans la nuit absolue du vrai sommeil.

*
**

Je dormis longtemps après ce rêve, — une heure, deux heures, je ne sais ; au réveil, au retour des pensées, dès qu'un premier souvenir m'en revint, j'éprouvai cette sorte de commotion intérieure qui fait faire un sursaut et ouvrir tout grands les yeux... Dans ma mémoire, je retrouvai d'abord la vision à son moment le plus intense, celui où tout à coup j'avais songé à *elle*, en reconnaissant son grand chapeau jeté sur cette chaise, et où, derrière moi, *elle* avait paru... Puis lentement, peu à peu, je me rappelai tout le reste : les détails si précis de cet appartement *déjà connu*, cette femme plus âgée entrevue dans l'ombre, cette promenade dans cette petite rue déserte... Où donc avais-je vu et aimé tout cela ? Je cherchai rapidement dans mon passé avec une sorte d'inquiétude, d'anxieuse tristesse, *me croyant sûr de trouver.* Mais non, rien, nulle part; dans ma propre vie, rien de pareil...

La tête humaine est remplie de souvenirs innombrables, entassés pêle-mêle, comme des fils d'écheveaux brouillés; il y en a des milliers et des milliers serrés dans des recoins obscurs d'où ils ne sortiront jamais; la main mystérieuse qui les agite et les retourne va quelquefois prendre les plus ténus et les plus insaisissables pour les amener un instant en lumière, pendant ces calmes qui précèdent ou suivent les sommeils. Celui que je viens de raconter ne reparaîtra certainement jamais, et reparaîtrait-il même, une autre nuit, que je n'en apprendrais pas davantage au sujet de cette femme et de ce lieu d'exil, parce que, dans ma tête, il n'y a sans doute rien de plus qui les concerne; c'est le dernier fragment d'un fil brisé, qui doit finir là où s'est arrêté mon rêve; le commencement et la suite n'existaient que dans d'autres cerveaux depuis longtemps retournés à la poussière.

Parmi mes ascendants, j'ai eu des marins dont la vie et les aventures ne me sont qu'imparfaitement connues; et il y a certainement, je ne sais où, dans quelque petit cimetière des colonies, de vieux ossements qui sont les restes de la jeune femme au grand chapeau de paille et aux boucles noires; le charme que ses yeux avaient exercé sur un de ces ancêtres inconnus a été assez puissant pour jeter un dernier reflet mystérieux jusqu'à moi; j'ai songé à elle tout un jour... et avec une mélancolie si étrange!

CHAGRIN D'UN VIEUX FORÇAT

CHAGRIN D'UN VIEUX FORÇAT

C'est une bien petite histoire, qui m'a été contée par Yves, — un soir où il était allé en rade conduire, avec sa canonnière, une cargaison de condamnés au grand transport en partance pour la Nouvelle-Calédonie.

Dans le nombre se trouvait un forçat très âgé (soixante-dix ans pour le moins), qui emmenait avec lui, tendrement, un pauvre moineau dans une petite cage.

Yves, pour passer le temps, était entré en conversation avec ce vieux, qui n'avait pas mauvaise figure, paraît-il, — mais qui était accouplé par une chaîne à un jeune monsieur ignoble, gouailleur, portant lunettes de myope sur un mince nez blême.

Vieux coureur de grands chemins, arrêté, en cinquième ou sixième récidive, pour vagabondage et vol, il disait : « Comment faire pour ne pas voler, quand on a commencé une fois, — et qu'on n'a pas de métier, rien, — et que les gens ne veulent plus de vous nulle part? Il faut bien manger, n'est-ce pas ? — Pour ma dernière condamnation, c'était un sac de pommes de terre que j'avais pris dans un champ, avec un fouet de roulier et un giraumont. Est-ce qu'on n'aurait pas pu me laisser mourir en France, je vous demande, au lieu de m'envoyer là-bas, si vieux comme je suis?... »

Et, tout heureux de voir que quelqu'un consentait à l'écouter avec compassion, il avait ensuite montré à Yves ce qu'il possédait de précieux au monde : la petite cage et le moineau.

Le moineau apprivoisé, connaissant sa voix, et qui pendant près d'une année, en prison, avait vécu perché sur son épaule... — Ah! ce n'est pas sans peine qu'il avait obtenu la permission de l'emmener avec lui en Calédonie! — Et puis après, il avait fallu lui faire une cage convenable pour le voyage; se procurer du bois, un peu de vieux fil de fer, et un peu de peinture verte pour peindre le tout et que ce fût joli.

Ici, je me rappelle textuellement ces mots d'Yves : « Pauvre moineau! Il avait pour manger dans sa cage un morceau de ce pain gris qu'on donne dans les prisons. Et il avait l'air de se trouver content tout de même; il sautillait comme n'importe quel autre oiseau. »

Quelques heures après, comme on accostait le transport et que les forçats allaient s'y embarquer pour le grand voyage, Yves, qui avait oublié ce vieux, repassa par hasard près de lui.

— Tenez, prenez-la, vous, lui dit-il d'une voix toute changée, en lui tendant sa petite cage. Je vous la donne; ça pourra peut-être vous servir à quelque chose, vous faire plaisir...

— Non, certes ! remercia Yves. Il faut l'emporter au contraire, vous savez bien. Ce sera votre petit *compagnon* là-bas...

— Oh ! reprit le vieux, *il n'est plus dedans*... Vous ne saviez donc pas ? *il n'y est plus*...

Et deux larmes d'indicible misère lui coulaient sur les joues.

Pendant une bousculade de la traversée, la porte s'était ouverte, le moineau avait eu peur, s'était envolé, — et tout de suite était tombé à la mer à cause de son aile

coupée. Oh! le moment d'horrible douleur!
Le voir se débattre et mourir, entraîné
dans le sillage rapide, et ne pouvoir rien
pour lui! D'abord, dans un premier mouvement bien naturel, il avait voulu crier,
demander du secours, s'adresser à Yves lui-même, le supplier... Élan arrêté aussitôt
par la réflexion, par la conscience immédiate de sa dégradation personnelle : un
vieux misérable comme lui, qui est-ce qui
aurait pitié de son moineau, qui est-ce qui
voudrait seulement écouter sa prière? Est-ce
qu'il pouvait lui venir à l'esprit qu'on
retarderait le navire pour repêcher un moineau qui se noie, — et un pauvre oiseau
de forçat, quel rêve absurde!... Alors
il s'était tenu silencieux à sa place, regardant s'éloigner sur l'écume de la mer le
petit corps gris qui se débattait toujours;
il s'était senti effroyablement seul maintenant, pour jamais, et de grosses larmes,

des larmes de désespérance solitaire et suprême lui brouillaient la vue, — tandis que le jeune monsieur à lunettes, son collègue de chaîne, riait de voir un vieux pleurer.

Maintenant que l'oiseau n'y était plus, il ne voulait pas garder cette cage, construite avec tant de sollicitude pour le petit mort; il la tendait toujours à ce brave marin qui avait consenti à écouter son histoire, désirant lui laisser ce legs avant de partir pour son long et dernier voyage.

Et Yves, tristement, avait accepté le cadeau, la maisonnette vide, — pour ne pas faire plus de peine à ce vieil abandonné en ayant l'air de dédaigner cette chose qui lui avait coûté tant de travail.

Je crois que je n'ai rien su rendre de tout ce que j'avais trouvé de poignant dans ce récit tel qu'il me fut fait.

C'était le soir, très tard, et j'étais près de m'en aller dormir. Moi qui dans la vie ai regardé sans trop m'émouvoir pas mal de douleurs à grand fracas, de drames, de tueries, je m'aperçus avec étonnement que cette détresse sénile me fendait le cœur — et irait même jusqu'à troubler mon sommeil :

— S'il y avait moyen, dis-je, de lui en envoyer un autre...

— Oui, répondit Yves, j'avais bien pensé à cela, moi aussi. Chez un oiseleur, lui acheter un bel oiseau, et le lui porter demain avec la pauvre cage, s'il en est encore temps avant le départ. Un peu difficile. Il n'y a du reste que vous-même qui puissiez obtenir d'aller en rade demain matin et de monter à bord du transport pour rechercher ce vieux dont je ne sais pas le nom. Seulement... on va trouver cela bien drôle...

— Oh! oui, en effet. Oh! pour ce qui est d'être trouvé drôle, il n'y a pas d'illusion à se faire là-dessus !..

Et, un instant, tout au fond de moi-même, je m'amusai de cette idée, riant de ce bon rire intérieur qui à la surface paraît à peine.

Cependant je n'ai pas donné suite au projet : le lendemain, à mon réveil, la première impression envolée, il m'a semblé enfantin et ridicule. Ce chagrin-là, évidemment, n'était pas de ceux qu'un simple jouet console. Pauvre vieux forçat, seul au monde, le plus bel oiseau du paradis n'eût pas remplacé pour lui l'humble moineau grisâtre, à aile coupée, élevé au pain de prison, qui avait su réveiller les tendresses infiniment douces et les larmes, au fond de son cœur endurci, à moitié mort...

Rochefort, décembre 1889.

UNE BÊTE GALEUSE

UNE BÊTE GALEUSE

Un vieux chat galeux, chassé sans doute de son logis par ses maîtres, s'était établi dans la rue, sur le trottoir de notre maison où un peu de soleil de novembre le réchauffait encore. C'est l'usage de certaines gens à pitié égoïste d'envoyer ainsi *perdre* le plus loin possible les bêtes qu'ils ne veulent ni soigner ni voir souffrir.

Tout le jour il se tenait piteusement assis dans quelque embrasure de fenêtre, l'air si malheureux et si humble! Objet de dégoût pour ceux qui passaient, menacé par les enfants, par les chiens, en danger continuel, d'heure en heure plus malade, et vivant de je ne sais quels débris ramassés à grand'peine dans les ruisseaux, il traînait là, seul, se prolongeant comme il pouvait, s'efforçant de retarder la mort. Sa pauvre tête était toute mangée de gale, couverte de croûtes, presque sans poils; mais ses yeux, restés jolis, semblaient penser profondément. Il devait certainement sentir, dans toute son amertume affreuse, cette souffrance, la dernière de toutes, de ne pouvoir plus faire sa toilette, de ne pouvoir plus lisser sa fourrure, se peigner comme font tous les chats avec tant de soin.

Faire sa toilette! Je crois que, pour les bêtes comme pour les hommes, c'est une des plus nécessaires distractions de la vie. Les très pauvres, les très malades, les très décrépits qui, à certaines heures, se parent un peu, essayent de s'arranger encore, n'ont pas tout perdu dans l'existence. Mais ne plus s'occuper de son aspect, parce qu'il n'y a vraiment plus rien à y faire avant la pourriture finale, cela m'a toujours paru le dernier degré de tout, la misère suprême. Oh! les vieux mendiants qui ont déjà, avant la mort, de la terre et des immondices sur le visage, les êtres rongés par des lèpres visibles qui ne peuvent plus être lavées, les bêtes galeuses dont on n'a seulement plus pitié!

Il me faisait tant de peine à regarder, ce chat à l'abandon, qu'après lui avoir envoyé à manger dans la rue, je finis un jour par m'approcher pour lui parler doucement. (Les bêtes arrivent très bien à comprendre les bonnes paroles, et y trouvent consolation.) Par habitude d'être pourchassé, il eut d'abord peur en me voyant arrêté devant lui; son premier regard fut méfiant, chargé de reproche et de prière : « Est-ce que tu vas encore me renvoyer, toi aussi, de ce dernier coin de soleil? » Puis, comprenant vite que j'étais venu par sympathie, et étonné de tant de bonheur, il m'adressa tout bas sa pauvre réponse de chat : « Trr! Trr! Trr! » en se levant par politesse, en essayant même de faire le gros dos, malgré ses croûtes, dans l'espoir que peut-être j'irais jusqu'à une caresse.

Non, ma pitié, à moi qui seul au monde en éprouvais encore pour lui, n'allait pas jusque-là. Cette joie d'être caressé, il ne la connaîtrait sans doute jamais plus. Mais, en compensation, j'imaginai de lui donner la mort tout de suite, de ma main, et d'une façon presque douce.

Une heure après, cela se passa dans l'écurie où Sylvestre, mon domestique, qui d'abord était allé acheter du chloroforme, l'avait attiré doucement, l'avait décidé à se coucher sur du foin bien chaud au fond d'une manne d'osier qui allait devenir sa chambre mortuaire. Nos préparatifs ne l'inquiétaient point; nous avions roulé une carte de visite en forme de cône, comme nous avions vu faire à des chirurgiens dans des ambulances; lui nous regardait, l'air confiant et heureux, pensant avoir enfin retrouvé un gîte et des gens qui auraient compassion, de nouveaux maîtres qui le recueilleraient.

Cependant je m'étais baissé pour le caresser, malgré l'effroi de son mal, ayant déjà reçu des mains de Sylvestre le cornet de carton tout imbibé de la chose mortelle. En le caressant toujours, j'essayais de le décider à rester là, bien tranquille, à enfoncer peu à peu son bout de nez dans ce carton endormeur; lui, un peu surpris d'abord, reniflant avec un vague effroi cette senteur inconnue, finit pourtant par se laisser aller, avec une soumission telle que j'hésitai à continuer mon œuvre. L'anéantissement d'une bête pensante, tout autant que celui d'un homme, a de quoi nous confondre; quand on y songe, c'est toujours le même révoltant mystère. Et la mort d'ailleurs porte en elle tant de majesté qu'elle est capable d'agrandir un instant, d'une façon inattendue, démesurée, les plus infimes petites scènes, dès que son ombre est près d'y apparaître : à ce moment, je me fis presque l'effet de quelque magicien noir s'arrogeant le droit d'apporter aux souffrants ce qu'il croit être l'apaisement suprême, le droit d'ouvrir, à ceux qui ne l'ont pas encore demandé, les portes de la grande nuit..

Une fois il releva, pour me regarder fixement, sa pauvre tête bientôt morte; nos yeux se croisèrent; les siens interrogateurs, expressifs, avec une intensité extrême, me demandant : « Que me fais-tu ? Toi à qui je me suis confié et que je connais si peu, que me fais-tu ? » Et j'hésitai encore ; mais son cou retomba ; sa pauvre tête dégoûtante s'appuyait maintenant dans ma main que je ne retirai pas ; une torpeur l'envahissait, malgré lui, et j'espérai qu'il ne me regarderait plus.

Si pourtant, une dernière fois ! les chats, comme disent les bonnes gens du peuple, ont l'âme chevillée au corps. Dans un dernier soubresaut de vie, il me fixa de nouveau, à travers son demi-sommeil mortel ; il semblait même avoir maintenant tout à fait compris : « Alors c'était pour me tuer, décidément ?... Et, tu vois, je me laisse faire... Il est trop tard... Je m'endors... »

En vérité, j'avais peur de m'être égaré ; dans ce monde où nous ne savons rien de rien, il ne nous est même pas permis d'avoir pitié d'une façon intelligente. Voici que son regard, infiniment triste, tout en se vitrifiant dans la mort, continuait de me poursuivre comme d'un reproche : « Pourquoi t'es-tu mêlé de ma destinée? Sans toi, j'aurais pu traîner quelque temps de plus, avoir encore quelques petites pensées pendant au moins une semaine. Il me restait assez de force pour sauter sur les appuis de tes fenêtres, où les chiens ne me tourmentaient pas trop, où je n'avais pas trop froid; le matin surtout, quand le soleil y donnait, je passais là quelques heures presque supportables, à regarder autour de moi le mouvement de la vie, à m'intéresser aux allées et venues des autres chats, à avoir encore conscience de quelque chose; tandis qu'à présent je vais me décomposer à jamais en je ne sais quoi d'autre qui ne se souviendra pas; à présent *je ne serai plus...* »

J'aurais dû me rappeler, en effet, que les

plus chétifs aiment mieux se prolonger par tous les moyens, jusqu'aux limites les plus misérables, préfèrent n'importe quoi à l'épouvante de n'être rien, de ne *plus être...*

Quand je revins dans la soirée le voir, je le retrouvai raidi et froid dans la pose de sommeil où je l'avais laissé. Alors, je commandai à Sylvestre de fermer le petit panier mortuaire et de l'emporter loin de la ville pour le jeter dans les champs.

PAYS SANS NOM

PAYS SANS NOM

Une vision qui m'est venue une nuit d'avril, pendant mon sommeil sous la tente, dans un campement chez les Beni-Hassem, au Maroc, à environ trois journées de marche de la sainte ville de Méquinez :

Le rideau du rêve s'est levé brusquement sur un pays lointain, — mais lointain, lointain bien au delà des habituelles distances terrestres, tellement que, tout de suite, dès que le décor a commencé de s'éclairer, même avant d'avoir bien vu, en moi-même j'ai eu la notion de cet éloignement effroyable. C'était une plaine pierreuse, nue, déserte, où il faisait terriblement chaud et lourd, sous un morne ciel crépusculaire; mais elle n'avait rien de bien particulier dans son aspect, — comme, par exemple, certaines plaines du Centre-Afrique, qui semblent insignifiantes par elles-mêmes, qui ont un air quelconque et qui pourtant sont d'un si difficile et dangereux accès. Si je n'avais pas *su*, j'aurais pu me croire n'importe où ; mais je savais d'avance, par une sorte d'intuition immédiate, et alors cela m'oppressait d'être là ; je me sentais en proie à la peur des distances sans fin, à l'angoisse des trop longs voyages dont on ne peut plus revenir.

De loin en loin, sur cette plaine, poussaient des petits arbres rabougris, dont les branches noires se contournaient sur elles-mêmes par des séries de cassures rectangulaires, comme des bras de fauteuils chinois. Ils avaient chacun seulement trois ou quatre feuilles molles, d'un vert pâle, qui pendaient comme énervées de chaleur.

J'avais conscience que, d'un moment à l'autre, des surprises sinistres, des périls sans nom pouvaient surgir de tous les points de cet horizon trouble, embrouillé de nuées stagnantes et d'obscurité.

Un de mes compagnons de route imaginaires — je devais en avoir au moins deux, dont je sentais la présence, mais qui étaient invisibles : des esprits, des voix, — un de mes compagnons de route me dit à l'oreille : « Eh bien ! puisque nous voilà ici, il va falloir se défier des *chiens crochus.* » — « Ah ! oui, par exemple, » répondis-je d'un ton dégagé, comme quelqu'un qui serait aussi très au courant de ce genre de bêtes et du danger de leur voisinage... Évidemment j'étais déjà venu là ; mais ces *chiens crochus,* leur image subitement rappelée à mon esprit, accentuant encore la notion de ce dépaysement extrême, me faisaient davantage frémir...

Ils apparurent aussitôt, évoqués au seul prononcé de leur nom, grâce à l'étonnante facilité avec laquelle les choses se passent dans les rêves. Ils couraient très vite à travers la pénombre de ce lourd crépuscule, lancés comme des flèches, comme des boulets, on n'avait pas le temps de les voir venir : affreux chiens noirs, aux ongles de chats, en crochets, qui au passage griffaient cruellement d'un coup de patte rapide, puis se perdaient dans les lointains confus.

Passaient aussi des petites femmes, presque naines, ricanantes, moqueuses, moitié singes (dans la vie réelle, j'en ai rencontré ainsi deux, au milieu d'une solitude africaine dévorée de soleil, sous l'accablement d'un ciel noir, aux environs d'Obock), des petites femmes qui, sans doute, étaient *crochues* comme les chiens, car, en me croisant, elles me griffaient de même... Et leur souffle aussi était *crochu* : quand elles me soufflaient au visage, ça cinglait comme des pointes d'aiguilles...

Mais les mots humains ne peuvent rendre les *dessous* de cette vision, le mystère et la tristesse de cette plaine ainsi réapparue, tout ce qui s'ébauchait en moi d'inquiétudes désolées rien qu'à contempler ces chétifs arbustes aux longues feuilles pâlies de chaleur...

Quand je m'éveillai, au petit jour timide qui commençait à filtrer à travers les toiles de ma tente, la notion me revint peu à peu des choses réelles, de l'Afrique, du Maroc, des Beni-Hassem, de notre petit campement isolé au milieu d'immenses pâturages déserts; — alors je reconquis tout de suite une douce impression de *chez moi*, de sécurité, d'inespéré retour. Et, mon Dieu, bien des gens, que fera sourire ma terreur de ces petites *femmes crochues*, à ma place se seraient préoccupés peut-être des tribus peu sûres d'alentour, des longues journées d'étape à faire en plein soleil, sans routes à travers les montagnes et sans ponts sur les fleuves. Quant à moi, ce territoire des Beni-Hassem me paraissait comparable à la plus anodine banlieue de Paris — auprès de ce pays de je ne sais quelle planète, de je ne sais où, entrevu au fond des insondables infinis du temps ou de l'espace, pendant les clairvoyances inexpliquées du rêve.

VIES DE DEUX CHATTES

VIES DE DEUX CHATTES

(*Pour mon fils Samuel quand il saura lire.*)

I

J'ai vu souvent, avec une sorte d'inquiétude infiniment triste, l'âme des bêtes m'apparaître au fond de leurs yeux; — l'âme d'un chat, l'âme d'un chien, l'âme d'un singe, aussi douloureuse pour un instant qu'une âme humaine, se révéler tout à coup dans un regard et chercher mon âme à moi, avec tendresse, supplication ou terreur... Et j'ai peut-être eu plus de pitié encore pour ces âmes des bêtes que pour celles de mes frères, parce qu'elles sont sans parole et incapables de sortir de leur demi-nuit, surtout parce qu'elles sont plus humbles et plus dédaignées.

II

Les deux chattes dont je vais conter l'histoire s'associent dans mon souvenir à quelques années relativement heureuses de ma vie. — Oh ! des années toutes récentes, mon Dieu, si on les considère dates en main, mais des années qui semblent déjà lointaines, emportées avec la vitesse toujours de plus en plus effroyable du temps, et qui, vues ainsi dans le passé, se colorent presque de derniers reflets d'aube, de dernières lueurs roses de matin et de commencement, en comparaison de l'heure grise présente, — tant nos jours se hâtent de s'assombrir, tant notre chute est rapide dans la nuit...

III

Qu'on me pardonne de les appeler l'une et l'autre « Moumoutte ». D'abord je n'ai jamais eu d'imagination pour donner des noms à mes chattes : Moumoutte, toujours ; — et leurs petits, invariablement : Mimi. Et puis vraiment il n'existe pas pour moi d'autres noms qui conviennent mieux, qui soient plus *chat* que ces deux adorables : Mimi et Moumoutte.

Je garderai donc aux pauvres petites

héroïnes de ce récit les noms qu'elles portaient dans leur vie réelle. Pour l'une : Moumoutte Blanche. Pour l'autre : Moumoutte Grise ou Moumoutte Chinoise.

IV

Par ordre d'ancienneté, c'est Moumoutte Blanche que je dois présenter d'abord; sur ses cartes de visite, elle avait du reste fait mentionner son titre de première chatte de ma maison :

> MADAME MOUMOUTTE BLANCHE
> *Première chatte*
> Chez M. Pierre Loti.

Il remonte à peu près à une dizaine d'années, l'inoubliable joyeux soir où je la vis pour la première fois. C'était un soir d'hiver, à un de mes retours au foyer, après je ne sais quelle campagne en Orient; j'étais arrivé à la maison depuis quelques minutes à peine et, dans le grand salon, je me chauffais devant une flambée de branches, entre maman et tante Claire assises aux deux coins du feu. Tout à coup quelque chose fit irruption en bondissant comme une paume, puis se roula follement par terre, tout blanc, tout neigeux sur le rouge sombre des tapis :

— Ah ! dit tante Claire, tu ne savais pas ?... Je te la présente, c'est notre nouvelle « Moumoutte ». Que veux-tu, nous nous sommes décidées à en avoir une autre : jusque dans notre petit salon là-bas, une souris était venue nous trouver !

Il y avait eu chez nous un assez long interrègne sans Moumouttes. Et cela, pour le deuil d'une certaine chatte du Sénégal, ramenée avec moi de là-bas à ma première campagne, et adorée pendant deux ans, qui un beau matin de juin avait, après une courte maladie, exhalé sa petite âme étrangère, en me regardant avec une expression de prière suprême, et puis, que j'avais moi-même enterrée au pied d'un arbre dans notre cour.

Je ramassai, pour la voir de près, la belle pelote de fourrure qui s'étalait si blanche sur ces tapis rouges. Je la pris à deux mains, bien entendu, — avec ces égards particuliers auxquels je ne manque jamais vis-à-vis des chats et qui leur font tout de suite se dire : Voici un homme qui nous comprend, qui sait nous toucher, qui est de nos amis et aux caresses duquel on peut condescendre avec bienveillance.

Il était très avenant, le minois de la nouvelle Moumoutte : des yeux tout flambants jeunes, presque enfantins, le bout d'un petit nez rose, — puis plus rien, tout le reste perdu dans les touffes d'une fourrure d'angora, soyeuse, propre, chaude, sentant bon, exquise à frôler et à embrasser. D'ailleurs, coiffée et tachée absolument comme l'autre, comme la défunte Moumoutte du Sénégal, — ce qui peut-être avait décidé le choix de maman et de tante Claire, afin qu'une sorte d'illusion de personnes se fît à la longue dans mon cœur un peu volage... Sur les oreilles, un bonnet bien noir, posé droit et formant bandeau au-dessus des yeux vifs; une courte pèlerine noire jetée sur les épaules, et enfin une queue noire, en panache superbe, agitée d'un perpétuel mouvement de chasse-mouches. La poitrine, le ventre, les pattes étaient blancs comme le duvet d'un cygne, et l'ensemble donnait l'impression d'une grosse houppe de poils, légère, légère, presque sans poids, mue par un capricieux petit mécanisme de nerfs toujours tendus.

Moumoutte, après cet examen, m'échappa pour recommencer ses jeux. Et, dans ces premières minutes d'arrivée, — forcément mélancoliques parce qu'elles marquent une étape de plus dans la vie — la nouvelle chatte blanche tachée de noir m'obligea de m'occuper d'elle, me sautant aux jambes pour me souhaiter la bienvenue, ou s'étalant par terre, avec une lassitude tout à fait feinte, pour me faire mieux admirer les blancheurs de son ventre et de son cou soyeux. Tout le temps gambada cette Moumoutte, tandis que mes yeux se reposaient avec recueillement sur les deux chers visages qui me souriaient là, un peu vieillis et encadrés de boucles plus grises; sur les portraits de famille qui conservaient leur même expression et leur même âge, dans les cadres du mur; sur les objets toujours connus aux mêmes places; sur les mille choses de ce logis héréditaire, restées immuables cette fois encore, pendant que j'avais promené par le monde changeant mon âme changeante...

Et c'est l'image persistante, définitive, qui devait me rester d'elle, même après sa mort : une folle petite bête blanche, inattendue, s'ébattant sur fond rouge, entre les robes de deuil de maman et de tante Claire, le soir d'un de mes grands retours...

Pauvre Moumoutte ! pendant les premiers hivers de sa vie, elle fut plus d'une fois le petit démon familier, le petit lutin de cheminée qui égaya dans leur solitude ces deux gardiennes bénies de mon foyer, maman et tante Claire. Quand j'étais errant sur les mers lointaines, quand la maison était redevenue grande et vide, aux tristes crépuscules de décembre, aux veillées sans fin, elle leur tenait fidèle compagnie, les tourmentant à l'occasion et laissant sur leurs irréprochables robes noires, pareilles, des paquets de son duvet blanc. Très indiscrète, elle s'installait de force sur leurs genoux, sur leur table à ouvrage, dans leur corbeille même, par fantaisie, embrouillant leurs pelotons de laine ou leurs écheveaux de soie. Et alors elles disaient, avec des airs terribles et, au fond, avec des envies de rire : « Oh! mais, cette chatte, il n'y a plus moyen d'en avoir raison !... Allez-vous-en, mademoiselle, allez !... A-t-on jamais vu des façons comme ça !... Ah ! par exemple !... »

Il y avait même, à son usage, un martinet qu'on lui faisait voir.

Elle les aimait à sa manière de chatte, avec indocilité, mais avec une constance touchante, et, rien qu'à cause de cela, sa petite âme incomplète et fantasque mérite que je lui garde un souvenir...

Les printemps, quand le soleil de mars commençait à chauffer notre cour, elle avait des surprises toujours nouvelles à voir s'éveiller et sortir de la terre sa commensale et amie, Suleïma la tortue.

Durant les beaux mois de mai, elle se sentait généralement l'âme envahie par un besoin irrésistible d'expansion et de liberté; alors il lui arrivait de faire, dans les jardins et sur les toits d'alentour, des absences nocturnes — qui, je dois le dire, n'étaient peut-être pas toujours assez comprises dans le milieu austère où le sort l'avait placée.

Les étés, elle avait des langueurs de créole. Pendant des journées entières, elle se pâmait d'aise et de chaleur, couchée sur les vieux murs parmi les chèvrefeuilles et les rosiers, ou bien étalée par terre, présentant à l'ardent soleil son ventre blanc, sur les pierres blanches, entre les pots de cactus fleuris.

Extrêmement soignée de sa personne, et, en temps ordinaire, posée, correcte, aristocrate même jusqu'au bout des ongles, elle était intraitable avec les autres chats et devenait brusquement très mal élevée quand un visiteur se présentait pour elle. Dans cette cour, qu'elle considérait comme son domaine, elle n'admettait point qu'un étranger eût le droit de paraître. Si, par-dessus le mur du jardin voisin, deux oreilles, un museau de chat, pointaient avec timidité, ou si seulement quelque chose avait remué dans les branches et le lierre, elle se précipitait comme une jeune furie, hérissée jusqu'au bout de la queue, impossible à retenir, plus comme il faut du tout; des cris du plus mauvais goût s'ensuivaient, des dégringolades et des coups de griffes...

En somme, d'une indépendance farouche, et le plus souvent désobéissante; mais si affectueuse à ses heures, si caressante et câline, et jetant un si joli petit cri de joie chaque fois qu'elle revenait parmi nous après quelqu'une de ses excursions vagabondes dans les jardins du voisinage.

Elle avait déjà cinq ans, elle était dans l'épanouissement de sa beauté d'angora, avec des attitudes d'une dignité superbe, des airs de reine, et j'avais eu le temps de m'attacher à elle par une série d'absences et de retours, la considérant comme une des choses du foyer, comme un des êtres de la maison — quand naquit à trois mille lieues de chez nous, dans le golfe de Pékin, et d'une famille plus que modeste, celle qui devait devenir son inséparable amie, la plus bizarre petite personne que j'aie jamais connue: la Moumoutte Chinoise.

V

MADAME MOUMOUTTE CHINOISE
Deuxième chatte
Chez M. Pierre Loti.

Très singulière, la destinée qui unit à moi cette Moumoutte de race jaune, issue de parents indigents et dépourvue de toute beauté.

Ce fut à la fin de la guerre là-bas, un de ces soirs de bagarre qui étaient fréquents alors. Je ne sais comment cette petite bête affolée, sortie de quelque jonque en désarroi, sautée à bord de notre bateau par terreur, vint chercher asile dans ma chambre, sous ma couchette. Elle était jeune, pas encore de taille adulte, minable, efflanquée, plaintive, ayant sans doute, comme ses parents et ses maîtres, vécu chichement de quelques têtes de poisson avec un peu de riz cuit à l'eau. Et j'en eus tant de pitié que je commandai à mon ordonnance de lui préparer une pâtée et de lui offrir à boire.

D'un air humble et reconnaissant, elle accepta ma prévenance, — et je la vois encore s'approchant avec lenteur de ce repas inespéré, avançant une patte, puis l'autre, ses yeux clairs tout le temps fixés sur les miens pour s'assurer si elle ne se trompait pas, si bien réellement c'était pour elle...

Le lendemain matin, par exemple, je voulus la mettre à la porte. Après lui avoir fait servir un déjeuner d'adieu, je frappai dans mes mains très fort, en trépignant des deux pieds à la fois, comme il est d'usage en pareil cas, et en disant d'un ton rude : « Allez-vous-en, petite Moumoutte ! »

Mais non, elle ne s'en allait pas, la chinoise. Évidemment, elle n'avait aucune frayeur de moi, comprenant par intuition que c'était très exagéré, tout ce bruit. Avec un air de me dire : « Je sais bien, va, que tu ne me feras pas de mal », elle restait tapie dans son coin, écrasée sur le plancher, dans la pose d'une suppliante, fixant sur moi deux yeux dilatés, un regard humain que je n'ai jamais vu qu'à elle seule.

Comment faire? Je ne pouvais pourtant pas établir une chatte à demeure dans ma chambre de bord. Et surtout une bête si vilaine et si maladive, quel encombrement pour l'avenir !...

Alors je la pris à mon cou, avec mille égards toutefois et en lui disant même : « Je suis bien fâché, ma petite Moumoutte, » — mais je l'emportai résolument dehors, à l'autre bout de la batterie, au milieu des matelots qui, en général, sont hospitaliers et accueillants pour les chats quels qu'ils soient.

Tout aplatie contre les planches du pont, et la tête retournée vers moi pour m'implorer toujours avec son regard de prière, elle se mit à filer, d'une petite allure humble et drôle, dans la direction de ma chambre, où elle fut rentrée la première de nous deux; quand j'y revins après elle, je la trouvai tapie obstinément dans son même petit coin, et ses yeux étaient si expressifs que le courage me manqua pour la chasser de nouveau. — Voilà comment cette chinoise me prit pour maître.

Mon ordonnance, qui était visiblement gagné à sa cause depuis le commencement du débat, compléta sur-le-champ son installation en plaçant par terre, sous mon lit, une corbeille rembourrée pour son couchage, — et un de mes grands plats de Chine, très pratiquement rempli de sable... (détail qui me glaça d'effroi).

VI

Sans sortir ni jour ni nuit, elle vécut sept mois passés, dans la demi-obscurité et le continuel balancement de cette chambre de bord, et peu à peu une intimité s'établit entre nous deux, en même temps que nous acquérions une faculté de pénétration mutuelle très rare entre un homme et une bête.

Je me rappelle le premier jour où nos relations devinrent véritablement affectueuses. C'était au large, dans le nord de la Mer Jaune, par un temps triste de septembre.

Les premières brumes d'automne s'étaient déjà formées sur les eaux subitement refroidies et inquiètes. Dans ces climats, les fraîcheurs et les ciels sombres arrivent vite, apportant, pour nous Européens de passage, une mélancolie d'autant plus grande que nous nous sentons plus loin. Nous nous en allions vers l'Est, en travers à une longue houle qui s'était levée, et bercés d'une façon monotone, avec des craquements plaintifs de tout le navire. Il avait fallu fermer mon sabord, et ma chambre ne recevait plus qu'un éclairage de cave à travers la lentille de verre épais sur laquelle des crêtes de lames passaient en transparences vertes, faisant des intermittences d'obscurité.

Sur cet étroit petit bureau à glissières, qui est le même dans toutes nos chambres de bord, j'étais installé à écrire, pendant un de ces moments assez rares où le service laisse une paix complète et où l'idée vient de se retirer chez soi comme dans la cellule d'un cloître.

Moumoutte Chinoise habitait sous mon lit depuis deux semaines à peu près. Elle vivait là très retirée, discrète, mélancolique, observant les conventions et les strictes limites de son plat rempli de sable, se montrant peu, presque constamment cachée, et comme prise de la nostalgie de son pays où elle ne devait jamais revenir.

Tout à coup, je la vis paraître dans la pénombre, s'étirer longuement comme pour se donner le temps de réfléchir encore, puis s'avancer vers moi, hésitante, avec des temps d'arrêt; parfois même, en affectant une grâce toute chinoise, elle retenait une de ses pattes en l'air pendant quelques secondes, avant de se décider à la poser devant elle pour faire un pas de plus. Et toujours elle me regardait fixement, d'un air interrogateur.

Qu'est-ce qu'elle pouvait me vouloir ?...
Elle n'avait pas faim, évidemment : une
pâtée fort convenable lui était, deux fois le
jour, servie par mon ordonnance. Alors,
quoi ?...

Quand elle fut bien près, bien près, à
toucher ma jambe, elle s'assit sur son derrière, ramena sa queue et poussa un petit
cri très doux.

Et elle continuait de me regarder, mais
de me regarder *dans les yeux*, ce qui déjà
indiquait dans sa petite tête tout un monde
de conceptions intelligentes : il fallait d'abord
qu'elle comprît, comme du reste tous les
animaux supérieurs, que je n'étais pas une
chose, mais un être pensant, capable de
pitié et accessible à la muette prière d'un
regard ; de plus, il fallait que mes yeux
fussent pour elle *des yeux*, c'est-à-dire les
miroirs où sa petite âme cherchait anxieusement à saisir un reflet de la mienne...

En vérité, ils sont effroyablement près de nous, quand on y songe, les animaux susceptibles de concevoir de telles choses...

Quant à moi, je dévisageai pour la première fois avec attention la petite visiteuse qui, depuis tantôt deux semaines, partageait mon logis : d'une couleur fauve de lapin sauvage, toute mouchetée de taches comme un tigre, avec le museau et le cou blancs ; laide en effet, mais surtout à cause de sa maigreur maladive, — et, en somme, plus bizarre que laide, pour un homme affranchi comme moi de toutes les règles banales sur la beauté. Assez différente d'ailleurs de nos chattes françaises ; basse sur pattes, allongée en fouine, avec une queue démesurée ; de grandes oreilles droites, avec un visage en coin de mur ; tout le charme, dans les yeux, relevés aux tempes comme tous les yeux d'extrême Asie, d'un beau jaune d'or au lieu d'être verts, et sans cesse mobiles, étonnamment expressifs.

Et, tout en la regardant, je laissai descendre ma main jusqu'à sa bizarre petite tête et la promenai sur son poil fauve, pour une première caresse.

Ce qu'elle éprouva assurément fut autre chose et plus qu'une impression de plaisir physique ; elle eut le sentiment d'une protection, d'une sympathie dans sa détresse d'abandonnée. Voilà donc pourquoi elle était sortie de sa cachette obscure, la Moumoutte ; ce qu'elle avait résolu de me demander, après tant d'hésitations, ce n'était ni à manger ni à boire ; c'était, pour sa petite âme de chatte, un peu de compagnie en ce monde, un peu d'amitié...

Où avait-elle appris à connaître cela, cette bête de rebut, jamais flattée par une main bienveillante, jamais aimée par personne — si ce n'est peut-être dans la jonque paternelle, par quelque pauvre petit enfant chinois sans jouets et sans caresses, poussé au hasard comme une chétive plante de trop dans l'immense grouillement jaune, aussi misérable et affamé qu'elle-même, et dont l'âme incomplète ne laissera, en disparaissant, pas plus de trace que la sienne?...

Alors une patte frêle se posa timidement sur moi — oh! avec tant de délicatesse, tant de discrétion! — et après m'avoir longtemps encore consulté et prié du regard, la Moumoutte, croyant pouvoir brusquer les choses, sauta enfin sur mes genoux.

Elle s'y installa en rond, mais avec un tact, une réserve, se faisant toute légère, à peine appuyée, presque sans poids, — et me regardant toujours. Elle resta là longtemps, me gênant bien, et je manquai de courage pour la chasser, — ce que j'aurais fait sans nul doute si elle eût été une jolie bête gaie dans l'épanouissement de vivre. Tout le temps inquiète du moindre de mes mouvements, elle ne me perdait pas de vue, non par crainte que je lui fisse du mal, elle était bien trop intelligente pour m'en croire capable, mais avec un air de me dire : « Est-ce que vraiment je ne t'ennuie pas, je ne t'offense pas?.. » Et puis, ses yeux devinrent plus expressifs encore et plus câlins, me disant très clairement : « Par ce jour d'automne, tellement triste à l'âme des chats, puisque nous sommes ici deux isolés, dans ce gîte agité et perdu au milieu de je ne sais quoi de dangereux et d'infini, si nous nous donnions l'un à l'autre un peu de cette chose douce qui berce les misères, qui a son semblant d'immatérialité et de durée non soumise à la mort, qui s'appelle affection et qui s'exprime de temps en temps par des caresses... »

VII

Quand le pacte d'amitié fut signé entre cette bête et moi, des inquiétudes me vinrent sur son avenir. Qu'en faire ? L'emmener jusqu'en France, à travers tant de milliers de lieues et de difficultés ? Évidemment mon foyer serait pour elle l'asile inespéré où le court petit rêve mystérieux de sa vie de chatte pourrait se finir avec le plus de paix et le moins de souffrance. Mais je ne voyais pas bien cette minable chinoise, en fourrure de pauvre, devenue commensale de la superbe Moumoutte Blanche, si jalouse, qui certainement la houspillerait avec indignation dès qu'elle la verrait paraître... Non, cela n'était pas possible.

D'un autre côté, l'abandonner dans une relâche, chez des amis de hasard, non plus : je l'aurais fait peut-être si elle eût été vigoureuse et belle, mais cette petite plaintive, aux yeux humains, me tenait par la pitié profonde.

VIII

Notre intimité, faite de nos deux isolements, se resserrait toujours. Les semaines et les mois passaient, au milieu d'un continuel changement du monde extérieur, tandis que tout restait immuablement pareil dans ce recoin obscur du navire où la bête avait fixé son gîte. Pour nous, les hommes, qui courons sur mer, il y a tout le temps les grands souffles frais qui nous éventent, la vie de plein vent, les nuits de quart à la belle étoile, — et les courses dans les pays étranges. Elle, au contraire, ne savait rien du monde immense où sa prison se promenait, rien de ses semblables, ni du soleil, ni des verdures, ni de l'ombre. Et, sans sortir jamais, elle vivait là, dans le renfermé de cette chambre de bord ; c'était un lieu glacial par instants, quand le hublot s'ouvrait à quelque grande brise du travers balayant tout ; le plus souvent, c'était une étuve sombre et étouffante, où des parfums chinois brûlaient devant de vieilles idoles, comme dans un temple bouddhique. Pour compagnons de rêve, elle avait les monstres de bois ou de bronze accrochés aux murs, qui riaient d'un méchant rire ; au milieu d'un encombrement de choses saintes de son pays, prises dans des pillages, elle s'étiolait sans air, entre des tentures de soie qu'elle aimait déchirer de ses petites griffes inquiètes et nerveuses.

Dès que j'entrais dans ma chambre, elle

apparaissait avec un imperceptible cri de joie, sortant comme un diablotin de derrière quelque rideau, ou d'une étagère, ou d'une boîte. Si par hasard je m'asseyais à écrire, très câline, très attendrie, en quête de protection et de caresses, elle prenait lentement place sur mes genoux et suivait des yeux le va-et-vient de ma plume, effaçant même quelquefois, d'un coup de patte toujours imprévu, les lignes qu'elle n'approuvait pas.

Les secousses des mauvais temps, le bruit de nos canons, lui causaient de dangereuses terreurs : en ces moments-là, elle sautait aux murs, tournoyait pendant quelques secondes comme une enragée, puis s'arrêtait haletante, pour aller se tapir dans un coin, le regard égaré et triste.

Sa jeunesse cloîtrée avait quelque chose de maladif et d'étrange qui s'accentuait de plus en plus. L'appétit cependant restait bon et les pâtées continuaient de passer d'une façon rassurante, mais elle était maigre singulièrement, le museau allongé, les oreilles exagérées en chauve-souris. Ses grands yeux jaunes cherchaient les miens toujours, avec une expression de tendresse craintive — ou d'interrogation anxieuse sur tout l'inconnu de la vie, aussi troublant peut-être et bien plus insondable encore pour sa petite intelligence que pour la mienne...

Très curieuse des choses du dehors, malgré son obstination inexplicable à ne pas seulement franchir le seuil de ma porte, elle ne manquait jamais d'examiner avec une attention extrême tous les objets nouveaux qui arrivaient dans notre logis commun, lui apportant l'impression confuse des exotiques contrées où passait notre navire. Dans l'Inde, par exemple, je me la rappelle, une fois, intéressée, jusqu'à en oublier de déjeuner, par un bouquet d'orchidées odorantes — si extraordinaires, pour elle surtout qui n'avait jamais connu ni jardins ni forêts, jamais vu de fleurs autrement que cueillies et mourantes dans mes vases de bronze.

Malgré sa vilaine fourrure râpée, qui lui donnait un premier aspect de chat de gouttière, elle avait dans la figure une distinction rare, et les moindres mouvements de ses pattes très fines étaient d'une grâce patricienne. Aussi me faisait-elle l'effet de quelque petite princesse condamnée par les fées méchantes à partager ma solitude sous une forme inférieure, et je songeais à cette histoire de la mère du grand Tchengiz-Khan, que jadis à Constantinople un vieux prêtre arménien, mon professeur de langue turque, m'avait donnée à traduire :

La jeune princesse Ulemalik-Kurekli, vouée avant sa naissance à mourir si elle voyait jamais la lumière du jour, vivait enfermée dans un donjon obscur.

Et elle demandait à ses suivantes :

— Est-ce ceci, dites-moi, qu'on appelle le monde ? Ou bien existe-t-il des espaces ailleurs, et cette tour est-elle *dans quelque chose ?*

— Non, princesse, ceci n'est pas le monde : il est dehors et bien plus grand. Et puis il y a aussi des choses qu'on appelle étoiles, qu'on appelle soleil et qu'on appelle lune.

— Oh ! reprit Ulemalik, que je meure, mais que je les voie !

IX

Ce fut à la fin d'un hiver, aux premiers jours tièdes d'un mois de mars, que Moumoutte Chinoise fit son entrée dans ma maison de France.

Moumoutte Blanche, que mes yeux s'étaient déshabitués de voir pendant ma campagne de Chine, portait encore à cette époque de l'année sa royale fourrure des temps froids et je ne l'avais jamais connue si imposante.

Le contraste allait être d'autant plus

écrasant pour l'autre, efflanquée, avec son pauvre poil de lapin sauvage usé par places comme si les teignes l'avaient mangé. Aussi me trouvé-je très confus quand mon domestique Sylvestre, revenant de la chercher à bord, souleva d'un air semi-narquois le couvercle du panier où il l'avait mise, et qu'il fallut voir, en présence de la maison assemblée, sortir craintivement cette petite amie chinoise...

L'impression fut déplorable, et je me rappelle toute la conviction que tante Claire mit dans cette simple phrase : « Oh! mon ami... qu'elle est vilaine! »

Bien vilaine, en effet. Et comment, sous quel prétexte, avec quelle formule d'excuse la présenter à Moumoutte Blanche? N'imaginant rien, je la fis conduire pour le moment dans un grenier isolé, afin de les dissimuler d'abord l'une à l'autre, de gagner du temps et de réfléchir.

X

Ce fut une chose vraiment épouvantable que leur première entrevue.

Cela se passa inopinément, quelques jours après, à la cuisine (un lieu d'irrésistible attrait où les chats d'une même maison, quoi que l'on fasse, finissent toujours par se réunir). En toute hâte on vint me chercher et j'accourus : en entendait des cris inhumains ; une pelotte, une boule de poils et de griffes, faite de leurs deux petits corps enchevêtrés, roulait et bondissait,

chavirant des verres, des assiettes, des plats,
tandis que le duvet blanc, le duvet gris,
le duvet couleur de lapin, voltigeait en
petites touffes alentour. — Il fallut intervenir avec énergie, les séparer en jetant dessus toute l'eau d'une carafe. — J'étais
consterné..

XI

Tremblante, égratignée, le cœur battant à se rompre, Moumoutte Chinoise, recueillie dans mes bras, se tenait blottie contre moi, et s'apaisait progressivement, les nerfs détendus par une expression de douce sécurité; puis se faisait peu à peu inerte et molle comme une chose sans vie, ce qui est, chez les chats, la façon de témoigner à ceux qui les tiennent une suprême confiance.

Moumoutte Blanche, assise dans un coin,

pensive et sombre, nous regardait de ses pleins yeux, et un raisonnement s'ébauchait dans sa petite tête jalouse; elle qui, d'un bout de l'année à l'autre, houspillait sur les murs les mêmes voisins et les mêmes voisines, sans pouvoir s'habituer à leurs minois, venait de comprendre que cette étrangère était à moi, puisque je la prenais ainsi à mon cou et qu'elle s'y abandonnait avec tendresse; donc, il fallait ne plus lui faire de mal et se résigner à tolérer sa présence au logis.

Ma surprise et mon admiration furent grandes de les voir, un instant après, passer l'une près de l'autre, dédaigneuses seulement, mais calmes, très correctes, et ce fut fini : de leur vie, elles ne se fâchèrent plus.

XII

Le printemps de cette année-là!... j'en garde bon souvenir. Bien que très court, comme me paraissent à présent toutes les saisons, il fut un des derniers qui eut encore pour moi le charme, presque l'enchantement mystérieux de ceux de mon enfance, — du reste, dans le même cadre de plantes et de jardins, au milieu des mêmes fleurs, renouvelées aux mêmes places par les mêmes antiques jasmins et les mêmes rosiers. Après chacune de mes campagnes, j'en viens d'ailleurs très facilement, en très peu de jours, à ne plus me souvenir des continents et des mers immenses; de nouveau, comme au début de ma vie, je limite le monde extérieur à ces vieux murs garnis de lierre et de mousse qui m'ont enfermé quand j'étais petit enfant; les lointains pays où je suis tant de fois allé vivre me semblent aussi irréels qu'aux temps où j'y rêvais sans les avoir vus. Les horizons démesurés se resserrent, tout se rétrécit doucement, et j'en arrive, en fait de nature, à presque oublier s'il existe autre chose que nos pierres moussues, nos arbustes, nos treilles et nos chères roses blanches...

Je faisais construire, à cette époque, dans un coin de ma maison, une pagode bouddhique, avec des débris de temples détruits là-bas. Et d'énormes caisses s'ouvraient journellement dans ma cour répandant l'indéfinissable et complexe odeur de la Chine, tandis qu'on déballait, au beau soleil nouveau, des fûts de colonnes, des sculptures de voûtes, de lourds autels et des idoles très vieilles. — Il était du reste amusant, un peu singulier aussi, de voir un à un reparaître, puis s'étaler là sur l'herbe et la mousse des vieilles pierres familiales, tous ces monstres d'extrême Asie qui faisaient, à notre soleil plus pâle, les mêmes grimaces que chez eux depuis des années et des siècles. — De temps à autre, maman et tante Claire venaient les dévisager, inquiètes de leur étonnante laideur. Mais c'était surtout Moumoutte Chinoise qui assistait avec intérêt à ces déballages; reconnaissant ses compagnons de route, elle flairait tout, avec de confus ressouvenirs de patrie; puis, par habitude de vivre enfermée dans l'obscurité, elle se hâtait d'entrer dans les caisses vides et de s'y cacher, à la place des magots, sous ce foin exotique qui sentait le musc et le sandal...

C'était vraiment un très beau et clair printemps, avec une musique excessive d'hirondelles et de martinets dans l'air.

Et Moumoutte Chinoise s'en émerveillait beaucoup. Pauvre petite solitaire, élevée dans une étouffante pénombre, le grand jour, le vent suave à respirer, le voisinage des autres chats, l'épouvantaient et la charmaient en même temps. Elle faisait à présent de longues promenades d'exploration dans la cour, flairant de bien près tous les jeunes brins d'herbes, toutes les pousses nouvelles, tout ce qui sortait, frais et odorant, de la terre attiédie. Ces formes et ces nuances, vieilles comme le monde, que les plantes reproduisent inconsciemment à chaque avril, ces lois d'une si tranquille immuabilité suivant lesquelles se déplient et se découpent les premières feuilles, étaient choses absolument neuves et surprenantes, pour elle qui n'avait jamais vu de verdure ni de printemps. Et Moumoutte Blanche, autrefois la reine unique et intolérante de ce lieu, avait consenti au partage, la laissant errer à sa guise au milieu des arbustes, des pots de fleurs, et le long des vieux murs gris, sous les branches retombantes. C'étaient surtout les bords de ce lac en miniature — si intimement lié à mes souvenirs d'enfance — qui la captivaient longuement ; là, dans l'herbe chaque jour plus haute et plus touffue, elle circulait en se baissant comme les fauves en chasse (ayant sans doute hérité cette allure de ses ancêtres, chats mongols aux mœurs primitives). Elle se cachait derrière les rochers lilliputiens, s'enfonçait sous les lierres, comme un petit tigre dans une minuscule forêt vierge.

Je m'amusais à suivre des yeux ses allées et venues, ses arrêts subits, ses étonnements ; elle, alors, se sentant regardée, se retournait pour me regarder aussi, immobile tout à coup dans une pose qui lui était propre ; — pose gracieuse, mais très maniérée à la chinoise, avec une patte de devant toujours en l'air, à la façon de ces personnes qui, en prenant un objet, relèvent coquettement leur petit doigt. Et ses drôles d'yeux jaunes étaient alors expressifs à l'excès, « parlants » comme les bonnes gens disent : « Tu me permets bien de continuer ma promenade ? » semblait-elle me demander. « Ça ne te contrarie pas, au moins ? Du reste, je marche et je passe avec tant de légèreté, tant de discrétion ! Et crois-tu au moins que c'est joli tout ça ! Toutes ces extraordinaires petites choses vertes qui répandent des odeurs fraîches, et ce bon air si pur, et cet espace ! Et ces autres choses aussi, que je vois tour à tour là-haut, ces choses *qu'on appelle étoiles, qu'on appelle soleil et qu'on appelle lune !...* Quelle différence avec notre ancien logis, et comme on est bien dans ce pays où nous voilà arrivés tous deux ! »

Ce lieu, si neuf pour elle, était précisément pour moi le plus ancien et le plus familier de tous les lieux de la terre ; celui dont les moindres détails, les plus infimes brins d'herbe me sont connus depuis les premières heures incertaines et étonnées de mon existence. Tellement que je m'y suis attaché de toute mon âme, tellement que j'aime d'une façon singulière, un peu fétichiste peut-être, des plantes anciennes qui sont là, des treilles, des jasmins, — et un certain diclytra rose qui, à chaque mois de mars, montre à la même place ses pousses rougies de jeune sève, étale bien vite ses feuilles hâtives, donne ses mêmes fleurs en avril, jaunit au soleil de juin, puis brûle au soleil d'août et semble mourir.

Et tandis qu'elle se laissait leurrer, la Moumoutte, par tous ces airs de joie, de jeunesse, de commencement, moi, au contraire, qui savais que cela passe, je sentais pour la première fois monter dans ma vie l'impression du soir, du grand soir inexorable et sans lendemain, du suprême automne qu'aucun printemps ne suivra plus. — Et, avec une infinie mélancolie, dans cette cour égayée de soleil nouveau, je regardais les deux chères promeneuses en cheveux blancs, en robe de deuil, maman et tante Claire, aller et venir, se pencher pour reconnaître, comme depuis tant de printemps, quels germes de fleurs étaient sortis de la terre, ou lever la tête pour apercevoir les boutons des glycines et des roses. Et quand leurs deux robes noires cheminaient, s'écartaient de moi, dans le recul de cette avenue verte qui est la cour de notre maison familiale, je remarquais surtout ce que leur allure avait de plus lent et de plus brisé... Oh! le temps, peut-être prochain, où, dans l'avenue verte toujours pareille, je ne les verrai plus !... Est-ce vraiment possible que ce temps vienne ? Quand elles s'en seront allées, j'ai presque cette illusion qu'au moins ce ne sera pas un départ absolu, tant que moi je serai là, appelant encore leur bienfaisante présence ; que les soirs d'été, je verrai quelquefois passer leurs ombres bénies sous les vieux jasmins et les vieilles vignes ; que quelque chose d'elles demeurera confusément dans les plantes qu'elles ont soignées, dans les chèvrefeuilles retombants, — dans le vieux diclytra rose...

XIII

Depuis que Moumoutte Chinoise vivait de cette vie en plein air, elle embellissait à vue d'œil. Les trous de sa fourrure de lapin râpé se regarnissaient de poils tout neufs; elle devenait moins maigre, plus lisse et plus soignée de sa personne, n'avait plus sa mauvaise mine de bête de Sabbat. Il arrivait que maman et tante Claire s'arrêtaient pour lui parler, amusées elles aussi de ses manières à part, de ses yeux expressifs et des petites réponses si douces : « Trr ! trr !

trr ! » que jamais elle ne manquait de faire quand on lui avait adressé la parole.

— « Vraiment. disaient-elles, cette Chinoise a l'air heureux chez nous ; jamais nous n'avions vu figure de chat plus contente. »

L'air heureux, en effet; même l'air reconnaissant envers moi qui l'avais amenée. — Et le bonheur des bêtes jeunes est complet peut-être, parce qu'elles n'ont pas comme nous l'appréhension de l'inexorable avenir. — Elle passait des journées contemplatives délicieuses, dans des poses de bien-être, étalée nonchalamment sur les pierres et la mousse, jouissant du silence — un peu mélancolique pour moi — de cette maison que les canons sourds ni les coups de mer ne venaient plus jamais troubler. Elle était arrivée au port lointain et tranquille, à l'étape dernière de sa vie, — et s'y reposait sans avoir conscience de la fin.

XIV

Un beau jour, sans transition, par subite fantaisie, la tolérance de Moumoutte Blanche pour Moumoutte Chinoise se changea en amitié tendre. Elle s'approcha délibérément et vint lui sentir à bout portant les babines, ce qui, entre chattes, équivaut au plus affectueux baiser.

Sylvestre, présent à cette scène, se montra sceptique :

— As-tu vu, lui dis-je, le baiser de paix des moumouttes?

— Oh! non, monsieur, répondit-il sur ce ton de connaisseur entendu qu'il prend lorsqu'il s'agit des affaires intimes de mes chats, chevaux ou bêtes quelconques; non, monsieur; c'est que tout simplement la Moumoutte Blanche voulait s'assurer, d'après l'odeur du museau, si la Chinoise ne venait pas de lui manger sa viande...

Il se trompait pourtant, — et, à partir de ce jour, elles furent amies. On les vit s'asseoir sur la même chaise, manger la pâtée dans la même assiette et, chaque matin, accourir pour se dire bonjour en frottant leurs bouts de nez cocasses, l'un jaune sur l'autre rose...

XV

On disait maintenant : « Les moumouttes ont fait ceci ou cela. » Elles étaient un duo intime et inséparable, se consultant, se suivant pour les moindres et les plus triviales actions de leur vie; se peignant, se léchant l'une l'autre, faisant toilette en commun avec une mutuelle tendresse.

Moumoutte Blanche continuait d'être plus spécialement la chatte de tante Claire, tandis que la Chinoise demeurait ma petite amie fidèle, avec toujours sa même façon plus tendre de me suivre des yeux, de répondre au moindre appel de ma voix. A peine m'asseyais-je, qu'une patte légère se posait doucement sur moi, comme jadis à bord ; deux yeux jaunes m'interrogeaient avec une intense expression humaine ; puis, houp ! la Chinoise était sur mes genoux, — très lente ensuite à chercher sa position, pilant des deux pattes, se tournant en rond dans un sens, en rond dans un autre, et tout juste installée quand j'étais prêt à repartir...

Mystère immatériel peut-être, mystère d'âme, que l'affection constante d'une bête et sa longue reconnaissance...

XVI

Très gâtées, les deux moumouttes ; admises dans la salle à manger aux heures des repas ; souvent assises à mes côtés, l'une à droite, l'autre à gauche ; se rappelant de temps en temps à mon souvenir par un petit coup de patte discret sur ma serviette, et guettant des bouchées que je leur faisais passer, furtivement comme un écolier en faute, au bout de ma fourchette personnelle.

En contant cela, je vais nuire encore à ma réputation qui, paraît-il, est déjà si entachée de bizarrerie et d'incorrectitude. Je puis cependant dénoncer certain académicien qui, m'ayant fait l'honneur de s'asseoir à ma table, ne se tint pas de leur offrir à chacune, dans sa propre cuillère, un peu de crème Chantilly[1].

---

1. *Note de l'éditeur.* Ce passage était écrit avant la nomination de M. Pierre Loti à l'Académie française.

XVII

L'été qui survint fut pour la Moumoutte Chinoise une période de vie absolument délicieuse. Avec son originalité et son air distingué, elle était devenue presque jolie, ainsi remplumée ; alentour, dans le monde des chats, au fond des jardins et sur les toits, le bruit avait circulé de la présence de cette piquante étrangère, et les prétendants étaient nombreux, qui venaient roucouler sous ses fenêtres, par les belles nuits chaudes embaumées de chèvrefeuille.

Vers la mi-septembre, les deux moumouttes connurent presque en même temps la joie d'être mère.

Moumoutte Blanche, cela va sans dire, était déjà une matrone entendue. Quant à Moumoutte Chinoise, les premiers instants de surprise passés, on la vit tendrement lécher l'impayable et minuscule mimi gris, moucheté comme un tigre, qui était son unique fils.

XVIII

Ce fut très touchant ensuite, l'affection réciproque de ces deux familles : le petit Chinois comique et le petit angora, tout rond comme une houppe à poudrer, jouant ensemble, et soignés, peignés, nourris par l'une ou l'autre des deux moumouttes, avec une sollicitude presque égale.

XIX

L'hiver est la saison où les chats deviennent plus particulièrement des hôtes du foyer, des compagnons de tous les instants au coin du feu, partageant avec nous, devant les flammes qui dansent, les vagues mélancolies des crépuscules et les insondables rêves.

C'est aussi, chacun sait cela, l'époque où ils sont en beauté, en grand luxe de poils, toute fourrure dehors. Moumoutte Chinoise, dès les premiers froids, n'avait déjà plus de trous à sa robe, et Moumoutte Blanche avait arboré une imposante cravate, un boa d'un blanc de neige, qui encadrait son minois comme une fraise à la Médicis. Leur tendresse s'augmentait du plaisir qu'elles éprouvaient à se réchauffer mutuellement ; près des cheminées, sur les coussins, sur les fauteuils, elles dormaient des jours entiers dans les bras l'une de l'autre, roulées en une seule boule où ne se distinguait plus ni tête ni queue.

C'était surtout Moumoutte Chinoise qui ne se trouvait jamais assez près. Au retour de quelque course en plein air, si elle apercevait son amie Blanche endormie devant le feu, tout doucement, tout doucement elle s'approchait, avec des ruses comme pour surprendre une souris ; l'autre, toujours fantasque, nerveuse, agacée d'être dérangée, quelquefois lançait un léger coup de patte, une gifle... Elle ne ripostait pas, la

Chinoise, mais levait seulement sa petite main, en geste de menace pour rire, puis me disait, du coin de l'œil : « Crois-tu au moins qu'elle a un caractère difficile ! Mais je ne prends pas ça au sérieux, tu penses bien ! » Avec un redoublement de précautions, elle en venait toujours à ses fins, qui étaient de se coucher complètement sur l'autre, la tête enfouie dans sa belle fourrure de neige, — et, avant de s'endormir, elle me disait encore, d'un demi-regard à peine ouvert : « C'était ce que je voulais !... J'y suis !... »

XX

Oh! nos soirées d'hiver en ce temps-là !...
Tout au fond de la maison silencieuse, obscure, laissée vide et comme trop grande, dans un petit salon bien chaud du rez-de-chaussée donnant sur la cour et sur des jardins, veillaient maman et tante Claire, sous leur lampe suspendue, à des places accoutumées depuis tant d'hivers antérieurs et pareils. Et, le plus souvent, je veillais là, moi aussi, pour ne pas perdre le temps de leur présence sur terre et de mes séjours

auprès d'elles. Dans une autre partie de la maison, loin de nous, je laissais noir et sans feu mon cabinet de travail, mon logis d'Aladin, pour tout simplement passer ma soirée à trois, en leur compagnie, dans ce petit salon qui était bien la coulisse la plus secrète de notre vie familiale, le chez nous le plus sans façon de tous. (Aucun autre lieu, du reste, ne m'a donné jamais une plus complète et plus douce impression de nid ; nulle part je ne me suis chauffé avec une plus berçante mélancolie que devant les flambées de bois de cette petite cheminée.) Les fenêtres, aux contrevents jamais fermés, par sécurité confiante, la porte vitrée, presque un peu campagnarde, donnaient sur le noir des feuillages d'hiver, sur des lauriers, des lierres de murailles qu'éclairait parfois un rayon de lune. Aucun bruit ne parvenait jusqu'à nous de la rue, qui était assez éloignée — et d'ailleurs

fort tranquille, à peine troublée de temps
en temps par des chants de matelots célébrant un retour. Non, nous avions plutôt
les bruits de la campagne, dont on sentait
la présence presque proche, au delà des
vieux jardins et des remparts de la ville;
l'été, l'immense concert des grenouilles,
dans ces plaines marines qui nous entourent,
unies comme des steppes, et, de minute en
minute, la petite note en flûte triste des
hiboux; l'hiver, à ces veillées dont je parle,
quelque cri très rare d'oiseau de marais, et
surtout la longue plainte du vent d'ouest
arrivant de la mer.

Sur la grande table, couverte de certain
tapis à fleurs connu toute ma vie, maman
et tante Claire étalaient leurs chères corbeilles à ouvrage, où il y avait des choses
que j'appellerais *fondamentales,* si j'osais employer ce mot qui, dans le cas présent,
n'aura de sens que pour moi-même; de ces

petites choses qui ont pris place de reliques à mes yeux, qui ont acquis dans mon souvenir, dans ma vie, une importance tout à fait de premier ordre: ciseaux à broder, venus des aïeules, qu'on me prêtait avec mille recommandations quand j'étais tout enfant, pour m'amuser à des découpures; bobines à fil, en bois rare des colonies, rapportées jadis de là-bas par des marins et qui me donnaient tant à rêver; porte-aiguilles, lunettes, dés et étuis... Comme je les connais tous et que les aime, les pauvres petits riens si précieux, étalés le soir, depuis tant d'années, sur le vieux tapis à fleurs, par les mains de maman et de tante Claire; après chaque lointain voyage, avec quel sentiment attendri je les retrouve et leur dis mon bonjour d'arrivée! J'ai employé tout à l'heure pour eux le mot : *fondamental* — si impropre, dans l'espèce, je le reconnais, — voici comment je puis l'expliquer : si on me les détruisait, s'ils cessaient d'exister à leurs mêmes places éternelles, j'aurais l'impression d'avoir fait un grand pas de plus vers l'anéantissement de moi-même, vers la poussière, l'oubli.

Et quand elles seront parties toutes les deux, maman et tante Claire, il me semble que ces chers petits objets, religieusement conservés après elles, appelleront leur présence, prolongeront presque un peu leur séjour parmi nous...

Les moumouttes, il va sans dire, se tenaient aussi dans ce salon, endormies ensemble en une seule boule bien chaude, sur quelque fauteuil ou quelque tabouret, le plus près possible du feu. Et leurs réveils inattendus, leurs réflexions, leurs idées drôles égayaient nos soirées un peu silencieuses.

Une fois c'était Moumoutte Blanche qui, prise d'un désir subit d'être plus en notre compagnie, sautait sur la table, et venait s'asseoir avec gravité sur l'ouvrage même de tante Claire, lui tournant le dos, après lui avoir inopinément frôlé la figure de son imposante queue noire ; puis restait là, indiscrète et obstinée, en contemplation devant la flamme de la lampe.

Ou bien, par quelqu'une de ces nuits de piquante gelée qui portent sur les nerfs des chats, on entendait tout à coup, dans les jardins voisins, une discussion : « Miaou ! miaraouraou ! » Alors la tranquille pelote de fourrure, qui sommeillait si bien, dressait aussitôt deux têtes, deux paires d'oreilles... Encore : « Miaraou ! miaraou ! » — Ça ne s'apaisait pas ! La Moumoutte Blanche, résolument levée, le poil hérissé en guerre, courait d'une porte à l'autre, cherchant une issue pour sortir, comme appelée dehors par un devoir impérieux et d'une capitale importance : « Mais non, Moumoutte, disait tante Claire, tu n'as pas besoin de t'en mêler, je t'assure; ça s'arrangera sans toi ! » — Et la Chinoise au contraire, toujours plus calme et ennemie des périlleuses aventures, se contentait de me regarder du coin de l'œil, l'air très intelligent et un peu moqueur pour l'autre, me disant : « N'est-ce pas que j'ai raison, moi, de rester neutre? »

Un certain moi tranquille, rasséréné et presque enfant, se retrouvait là le soir, dans ce petit salon doucement silencieux, à cette table où travaillaient maman et tante Claire. Et si par instants je me souvenais, avec une sourde commotion intérieure, d'avoir eu une âme orientale, une âme africaine et un tas d'autres âmes encore ; d'avoir promené, sous différents soleils, des rêves et des fantaisies sans nombre, tout cela m'apparaissait comme très loin et à jamais fini. Et ce passé errant me faisait plus complètement goûter l'heure présente, le repos, l'entr'acte, dans cette coulisse tout à fait intime de ma vie, qui est si inconnue, qui étonnerait tant de gens et peut-être les ferait sourire. En toute sincérité d'intention, je me disais que je ne repartirais plus, que rien ne valait la paix d'être là et d'y retrouver un peu de son âme première ; de sentir autour de soi, dans ce nid de l'enfance, je ne sais quelles protections bénies contre le vide et la mort; de deviner, à travers les vitres de la fenêtre, dans l'obscurité des feuillages et sous la lune d'hiver, cette cour qui jadis résumait presque le monde, qui est restée pareille, avec son lierre, ses petits rochers et ses vieux murs, et qui, mon Dieu, reprendrait peut-être encore à mes yeux son importance, son grandissement d'autrefois et se repeuplerait des mêmes rêves... Surtout, je me disais que rien, dans le monde immense, ne valait la joie douce de regarder maman et tante Claire assises à travailler à cette table, penchant vers le tapis à fleurs leurs bonnets de dentelle noire et leurs coques de cheveux blancs...

Oh ! un soir, je me rappelle... Il y eut une scène de chats !... Encore aujourd'hui je ne puis y repenser sans rire.

C'était une nuit de gelée aux environs de Noël. Dans le grand silence, nous avions entendu passer au-dessus des toits, à travers le ciel froid et tranquille, un vol d'oies sauvages qui émigraient vers d'autres climats : un peu une musique de chasse-gallery, un bruit de voix aigres, très nombreuses, gémissant toutes à la fois là-haut dans le vide, puis bientôt perdues dans les lointains de l'air. — « Entends-tu ? entends-tu ? » m'avait dit tante Claire, avec un petit sourire et une mine inquiète pour se moquer de moi, se rappelant que dans mon enfance j'avais grand'peur de ces passages nocturnes d'oiseaux. Pour entendre, il fallait du reste avoir l'oreille fine et être dans un endroit silencieux.

Le calme revint ensuite, si complet qu'on eût distingué la plainte du bois flambant dans le foyer et la respiration régulière des deux chattes assises au coin de la cheminée.

Tout à coup, certain gros matou jaune, que Moumoutte Blanche avait en horreur, et qui la poursuivait de ses déclarations, parut inopinément derrière la vitre de la cour, en lumière sur le noir des feuillages, la regardant d'un air effronté et ahuri, avec un formidable « Miaou » de provocation. — Alors elle bondit à cette fenêtre, comme une paume, comme un balle qu'on lance, et là, nez à nez, de chaque côté du carreau, ce fut une impayable bataille, une bordée d'injures affreuses à grosse voix rauque; des coups de patte à toute volée, des gifles à travers le verre, qui faisaient grand bruit, pouf, pouf, et qui ne portaient pas... Oh! l'épouvante de maman et de tante Claire, tressautant sur leur chaise à la première minute de surprise, — puis leur bon rire après; le comique de tout ce vacarme subit et saugrenu, succédant à un tel recueillement de silence, — et surtout la figure de l'autre, le matou jaune, déconfit et giflé, dont les yeux flambaient derrière ce carreau si drôlement!...

Le « coucher » des chattes était en ce temps-là une des opérations importantes, primordiales, dirais-je même, de notre maison. Elles n'étaient point autorisées, comme tant d'autres, à passer des nuits errantes, dans les feuillages des murs, à la belle étoile ou en contemplation de la lune; nous avions sur ces questions-là des principes avec lesquels nous ne transigions point.

Le « coucher » consistait à les enfermer

dans un grenier situé au fond de la cour, dans un corps de logis séparé, très ancien, qui disparaissait sous les lierres, les treilles et les glycines; c'était précisément dans les quartiers de Sylvestre, à côté de sa chambre; aussi chaque soir partaient-ils tous les trois ensemble, les deux moumouttes et lui. Chaque fois qu'une de ces journées — auxquelles je ne prenais pas garde alors et que j'ai pleurées ensuite — était finie, était tombée dans l'abîme du temps, on appelait ce serviteur, devenu presque de la famille, et maman disait d'un ton demi-sérieux, s'amusant elle-même de ces fonctions remplies comme un sacerdoce : « Sylvestre, il est temps d'aller coucher vos chattes. »

Aux premiers mots de cette phrase, même prononcée à voix basse, Moumoutte Blanche dressait une oreille inquiète; puis, convaincue que c'était bien cela, sautait à bas de son fauteuil, l'air important, l'air agité, et courait d'elle-même à la porte, afin de passer devant et de partir à pied, n'admettant pas d'être emportée, voulant entrer de son plein gré dans sa chambre à coucher ou n'y pas entrer du tout.

La Chinoise, au contraire, rusait pour ne pas quitter, si possible, ce salon bien chaud, descendait tout doucement, se coulait sans bruit par terre et, toute baissée pour moins paraître, regardant du coin de l'œil si on ne l'avait pas vue, s'en allait se cacher sous un meuble. Le grand Sylvestre alors, habitué de longue date à ce manège, demandait avec son sourire de petit enfant : « Où es-tu, Chinoise? Je devine bien, va, que tu n'es pas loin! » — Tendrement elle lui répondait : « Trr! Trr! », comprenant qu'il était inutile de feindre davantage, puis se laissait prendre et asseoir à califourchon, très douillettement, sur l'épaule large de son ami.

Le cortège enfin se mettait en marche : devant, Moumoutte Blanche, indépendante et superbe; derrière, Sylvestre, qui disait : « Bonsoir, monsieur et dames » et qui, d'une main, portait sa lanterne pour traverser la cour, de l'autre tenait invariablement la longue queue grise de la Chinoise pendante sur sa poitrine.

En général, Moumoutte Blanche prenait docilement le chemin de son grenier, — après avoir éprouvé le besoin toutefois de s'arrêter en route, de s'isoler un instant dans le noir des feuillages.

Mais il arrivait aussi, à certaines phases de la lune, que des lubies vagabondes lui venaient, des fantaisies de s'en aller dormir à l'angle de quelque toit ou bien au sommet de quelque poirier solitaire, à la bonne fraîcheur de décembre, après s'être chauffée tout le jour sur un confortable fauteuil. Dans ces cas-là, on voyait bientôt reparaître,

avec une comique figure de circonstance, Sylvestre, tenant toujours sa lanterne et la queue de la docile Chinoise blottie contre son cou : « Encore Moumoutte Blanche qui ne veut pas se coucher ! » — « Comment ! répondait tante Claire indignée. Ah ! par exemple !... » Et elle sortait elle-même, pour essayer du prestige de son autorité, appelant : « Moumoutte ! Moumoutte ! » de sa pauvre chère voix, que je crois entendre encore, et qui se prolongeait là, dans le silence des jardins, dans la sonorité de la nuit d'hiver... Mais non, Moumoutte Blanche n'obéissait pas; du haut d'un arbre ou du haut d'un mur, elle se contentait de regarder, narquoisement assise, sa fourrure faisant tache blanche dans l'obscurité et ses yeux lançant de petites lueurs de phosphore...
« Moumoutte ! Moumoutte !... oh ! la vilaine bête ! c'est honteux, mademoiselle, cette conduite, honteux ! »

Puis maman sortait à son tour, inquiète du grand froid, voulant faire rentrer tante Claire.

Puis moi-même, un instant après, pour les ramener toutes les deux. Et alors, de nous voir réunis dans cette cour, une nuit de gelée, y compris Sylvestre tenant sa Chinoise par la queue, et nargués en bloc par cette Moumoutte là-haut perchée, cela nous donnait aux dépens de nous-mêmes une irrésistible envie de rire, qui commençait par tante Claire et qu'aussitôt elle nous communiquait... Du reste, j'ai toujours douté qu'il y eût par le monde deux autres bonnes vieilles dames, — oh! bien vieilles, hélas! — capables de si franchement rire avec les jeunes; sachant si bien être aimables, si bien être gaies. En somme, je ne m'amuse autant avec personne qu'avec elles, — et toujours à propos des plus insignifiantes petites choses dont elles saisissent

d'une façon à part le côté impayablement
drôle...

Cette Moumoutte en aurait le dernier
mot, décidément!... Nous rentrions très
mortifiés, dans le petit salon refroidi par
ces portes ouvertes, pour gagner ensuite
nos chambres respectives par une série
d'escaliers et de passages sombres. — Et
tante Claire, prise d'un regain d'indignation
avant de rentrer chez elle, concluait ainsi,
sur le pas de sa porte, en me disant bonsoir : « Oh! tout de même, qu'en dis-tu,
de cette chatte ?... »

XXI

Une existence de chat, cela peut durer douze ou quinze ans, si aucun accident ne survient.

Les deux moumouttes virent encore, ensemble, luire un second délicieux été; elles retrouvèrent leurs heures de nonchalante rêverie, en compagnie de Suleïma (la tortue éternelle que les années ne vieillissent pas), entre les cactus fleuris, sur les pierres de la cour chauffées à l'ardent soleil, — ou bien seules, au faîte des vieux murs, dans le fouillis annuel des chèvrefeuilles et des roses blanches. Elles eurent plusieurs petits, élevés avec tendresse et placés avantageusement dans le voisinage ; même ceux de la Chinoise étaient d'une défaite facile et très demandés, à cause de l'originalité de leurs minois.

Elles virent encore un autre hiver et purent recommencer leurs longs sommeils aux coins des cheminées, leurs méditations profondes devant l'aspect changeant des braises ou des flammes.

Mais ce fut leur dernière saison de bonheur, et aussitôt après leur triste déclin commença. Dès le printemps suivant, d'indéfinissables maladies entreprirent de désorganiser leurs petites personnes bizarres, qui étaient d'âge cependant à durer quelques années de plus.

Moumoutte Chinoise, atteinte la première, donna d'abord des indices de trouble mental, de mélancolie noire, — regrets peut-être de sa lointaine patrie mongole. Sans boire ni manger, elle faisait des retraites prolongées sur le haut des murs, immobile pendant des journées entières à la même place, ne répondant à tous nos appels que par des regards attendris et de plaintifs petits « miaou ».

Moumoutte Blanche aussi, dès les premiers beaux jours, avait commencé de languir, et, en avril, toutes deux étaient vraiment malades.

Des vétérinaires, appelés en consultation, ordonnèrent sans rire d'inexécutables choses. Pour l'une, des pilules matin et soir et des cataplasmes sur le ventre !... Pour l'autre, de l'hydrothérapie ; la tondre ras et la doucher deux fois par jour à grande eau !... Sylvestre lui-même, qui les adorait et s'en faisait obéir comme personne, déclara le tout impossible. On essaya alors des remèdes de bonnes femmes; des mères Michel furent convoquées et on suivit leurs prescriptions, mais rien n'y fit.

Elles s'en allaient toutes deux, nos moumouttes, nous causant une grande pitié, — et ni le beau printemps, ni le beau soleil revenu ne les tiraient de leur torpeur de mort

Un matin, comme je rentrais d'un voyage à Paris, Sylvestre, en recevant une valise, me dit tristement : « Monsieur, la Chinoise est morte. »

Depuis trois jours, elle avait disparu, elle si rangée, qui jamais ne quittait la maison. Nul doute que, sentant sa fin proche, elle ne fût définitivement partie, obéissant à ce sentiment d'exquise et suprême pudeur qui pousse certaines bêtes à se cacher pour mourir. « Elle était restée toute la semaine, monsieur, perchée là-haut sur le jasmin rouge, ne voulant plus descendre pour manger;

elle répondait pourtant toujours quand nous lui parlions, mais d'une petite voix si faible ! »

Où donc était-elle allée passer l'heure terrible, la pauvre Moumoutte Chinoise? Peut-être, par ignorance de tout, chez des étrangers qui ne l'auront seulement pas laissée finir en paix, qui l'auront pourchassée, tourmentée, — et mise ensuite au fumier. Vraiment, j'aurais préféré apprendre qu'elle était morte chez nous; mon cœur se serrait un peu, au souvenir de son étrange regard humain, si suppliant, chargé toujours de ce même besoin d'affection qu'elle était incapable d'exprimer, et tout le temps cherchant mes yeux à moi avec cette même interrogation anxieuse qui n'avait jamais pu être formulée... Qui sait quelles mystérieuses angoisses traversent les petites âmes confuses des bêtes, aux heures d'agonie?...

XXII

Comme si un méchant sort eût été jeté sur nos chattes, Moumoutte Blanche, aussi, semblait à la fin.

Par fantaisie de mourante, elle avait élu son dernier domicile dans mon cabinet de toilette — sur certain lit de repos dont la couleur rose l'avait sans doute charmée. On lui portait là un peu de nourriture, un peu de lait, auquel elle ne touchait même plus; seulement, elle vous regardait quand on entrait, avec de bons yeux contents de vous voir, et faisait encore un pauvre ronron affaibli, quand on la touchait doucement pour une carresse.

Puis, un beau matin, elle disparut aussi, clandestinement, comme avait fait la Chinoise, et nous pensâmes qu'elle ne reviendrait plus.

XXIII

Elle devait reparaître cependant, et je ne me rappelle rien de si triste que ce retour.

Ce fut environ trois jours après, par un de ces temps de commencement de juin, qui rayonnent, qui resplendissent, dans un calme absolu de l'air, trompeurs avec des apparences d'éternelle durée, mélancoliques sur les êtres destinés à mourir. Notre cour étalait toutes ses feuilles, toutes ses fleurs, toutes ses roses sur ses murs, comme à tant de mois de juin passés; les martinets, les hirondelles, affolés de lumière et de vie, tournoyaient avec des cris de joie dans le ciel tout bleu ; il y avait partout grande fête des choses sans âme et des bêtes légères que la mort n'inquiète pas.

Tante Claire, qui se promenait par là, surveillant la pousse des fleurs, m'appela tout à coup, et sa voix indiquait quelque chose d'extraordinaire :

— Oh !... viens voir !... notre pauvre Moumoutte qui est revenue !...

Elle était bien là, en effet, réapparue comme un triste petit fantôme, maigre, la fourrure déjà souillée de terre, à moitié morte. Qui sait quel sentiment l'avait ramenée : une réflexion, un manque de courage à la dernière heure, un besoin de nous revoir avant de mourir !

A grand'peine, elle avait franchi encore une fois ce petit mur bas, si familier, que jadis elle sautait en deux bonds, lorsqu'elle revenait de faire sa police extérieure, de gifler quelque voisin, de corriger quelque voisine... Haletante de son grand effort pour revenir, elle restait à demi couchée sur la mousse et l'herbe nouvelle, au bord du bassin, cherchant à se baisser pour y boire une gorgée d'eau fraîche. Et son regard nous implorait, nous appelait au secours : « Vous ne voyez donc pas que je vais mourir? Pour me prolonger un peu, vous ne pouvez donc rien faire?... »

Présages de mort partout, ce beau matin de juin, sous ce calme et resplendissant soleil : tante Claire, penchée vers sa moumoutte finissante, me paraissait tout à coup si âgée, affaissée comme jamais, prête à s'en aller aussi...

Nous décidâmes de reporter Moumoutte dans mon cabinet de toilette, sur ce même lit rose dont elle avait fait choix la semaine précédente et qui avait semblé lui plaire.

Et je me promis de veiller à ce qu'elle ne partît plus, afin qu'au moins ses os pussent rester dans la terre de notre cour, qu'elle ne fût pas jetée sur quelque fumier, — comme sans doute l'autre, ma pauvre petite compagne de Chine, dont le regard anxieux me poursuivait toujours. Je la pris à mon cou, avec des précautions extrêmes et, contrairement à son habitude, elle se laissa emporter cette fois, en toute confiance, la tête abandonnée, appuyée sur mon bras.

Sur ce lit rose, salissant tout, elle résista encore quelques jours, tant les chats ont la vie dure. Juin continuait de rayonner dans la maison et dans les jardins autour de nous.

Nous allions souvent la voir, et toujours elle essayait de se lever pour nous faire fête, l'air reconnaissant et attendri, ses yeux indiquant autant que des yeux humains la présence intérieure et la détresse de ce qu'on appelle âme...

Un matin, je la trouvai raidie, les prunelles vitreuses, devenue une bête crevée, une chose à jeter dehors. Alors je commandai à Sylvestre de faire un trou dans une banquette de la cour, au pied d'un arbuste... Où était passé ce que j'avais vu luire à travers ses yeux de mourante ; la petite flamme inquiète du dedans, où était-elle allée ?...

XXIV

L'enterrement de Moumoutte Blanche, dans la cour tranquille, sous le beau ciel de juin, au grand soleil de deux heures.

A la place indiquée, Sylvestre creuse la terre, — puis s'arrête, regardant au fond du trou, et se baisse pour y prendre avec la main quelque chose qui l'étonne :

— Qu'est-ce que c'est que ça, dit-il, en remuant des petits os blancs qu'il vient d'apercevoir, — un lapin?

Les débris d'une bête, en effet ; — ceux

de ma chatte du Sénégal, une ancienne moumoutte, ma compagne en Afrique, très aimée elle aussi jadis, que j'avais enterrée là une douzaine d'années auparavant, puis oubliée, dans l'abîme où s'entassent les choses et les êtres disparus. Et, en regardant ces petits os mêlés de terre, ces petites jambes en bâtons blancs, cet assemblage figurant encore l'arrière-train d'une bête vue de dos, je me rappelai tout à coup, avec une envie de sourire et un demi-serrement de cœur, une scène bien oubliée, une certaine circonstance où j'avais vu cette même petite charpente postérieure de chatte, garnie alors de muscles agiles et de fourrure soyeuse, fuir devant moi comiquement, détaler, queue en l'air, au comble de la terreur...

C'était un jour où, avec l'obstination propre à sa race, elle était montée encore sur un meuble vingt fois défendu et y avait cassé un vase auquel je tenais beaucoup. Je l'avais d'abord tapée, puis, ma colère n'étant pas finie, je lui avais lancé en la poursuivant un coup de pied trop brutal. Elle, étonnée seulement de la tape, avait compris, au coup de pied d'après, que cela devenait la grande guerre ; c'est alors qu'elle avait si lestement détalé à toutes jambes, son panache de queue au vent, me montrant d'une façon incorrecte et impayable son petit arrière-train affolé ; puis, abritée sous un meuble, elle s'était retournée pour me jeter un regard de reproche et de détresse, se croyant perdue, trahie, assassinée par celui qu'elle aimait et aux mains de qui elle avait confié son sort ; et, comme mes yeux restaient toujours méchants, elle avait enfin poussé son cri des grands abois, ce *miaou* particulier et sinistre des chats qui se sentent en passe de mort. — Toute ma colère tomba du coup ; je l'appelai, la caressai, la calmai sur mes genoux, encore

toute inquiète et haletante. Oh ! le cri de
détresse dernière d'une bête, fût-ce celui du
pauvre bœuf qu'on vient d'attacher à l'abat-
toir, même celui du rat misérable qu'un
bouledogue tient entre ses dents ; ce cri qui
n'espère plus rien, qui ne s'adresse plus à
personne, qui est comme une protestation
suprême jetée à la nature elle-même, un
appel à je ne sais quelles pitiés inconscientes
épandues dans l'air...

Deux ou trois os enfouis au pied d'un
arbre, c'est ce qui reste à présent de ce
petit arrière-train de moumoutte, que je me
rappelle si vivant et si drôle. Et sa chair,
sa petite personne, son attachement pour
moi, sa grande terreur d'un certain jour,
son cri d'angoisse et de reproche ; tout ce
qui était autour de ces os enfin, — est devenu un peu de terre... Quand le trou fut
creusé à souhait, je montai chercher la
moumoutte, raidie là-haut sur le lit rose.

En en redescendant avec ce petit fardeau, je trouvai, dans la cour, maman et tante Claire, assises sur un banc, à l'ombre, avec un air d'y être venues par hasard et affectant de parler de n'importe quoi : nous assembler exprès pour cet enterrement de chat, nous eût peut-être semblé un peu ridicule à nous-mêmes, nous eût fait sourire malgré nous... Jamais il n'y avait eu plus rayonnante journée de juin, jamais plus tiède silence traversé de si gais bourdonnements de mouches ; la cour était toute fleurie, les rosiers couverts de roses ; un calme de village, de campagne, régnait dans les jardins d'alentour ; les hirondelles et les martinets dormaient ; seule, la tortue éternelle, Suleïma, d'autant plus éveillée qu'il faisait plus chaud, trottait allégrement sans but, sur les vieilles pierres ensoleillées. Tout était en proie à la mélancolie des ciels trop tranquilles, des temps trop beaux, à l'accablement des milieux de jour. Parmi tant de fraîches verdures, de joyeuses et éblouissantes lumières, les deux robes pareilles de maman et de tante Claire faisaient deux taches intensement noires. Leurs têtes, aux cheveux blancs bien lisses, se penchaient, comme un peu lasses d'avoir vu et revu tant de fois, tant de fois, près de quatre-vingts fois, le renouveau trompeur. Les plantes, les choses, semblaient cruellement chanter le triomphe de leur recommencement perpétuel, sans pitié pour les êtres fragiles qui les écoutaient, déjà angoissés par le présage de leur irrémédiable fin...

Je posai Moumoutte au fond du trou, et sa fourrure blanche et noire disparut tout de suite sous un éboulement et des pelletées de terre. J'étais content d'avoir réussi à la garder, à l'empêcher de s'en aller finir ailleurs comme l'autre ; du moins, elle pourrirait là chez nous, dans cette cour où si longtemps elle avait fait la loi aux chats des voisins, où elle avait tant flâné l'été sur les vieux murs fleuris de roses blanches, — et où, les nuits d'hiver, à l'heure de son coucher capricieux, son nom avait résonné tant de fois dans le silence, appelé par la voix vieillie de tante Claire.

Il me semblait que sa mort était le commencement de la fin des habitants de la maison ; dans mon esprit, cette moumoutte était liée, comme un jouet leur ayant longtemps servi, aux deux gardiennes bien-aimées de mon foyer, assises là sur ce banc et à qui elle avait tenu compagnie pendant mes absences au loin. Mon regret était moins pour elle-même, indéchiffrable et douteuse petite âme, que pour sa *durée* qui venait de finir. C'était comme dix années de notre propre vie, que nous venions d'enfouir là dans la terre...

L'ŒUVRE DE PEN-BRON

Je m'étonne moi-même de prêter ma voix à cette œuvre, qui est si en dehors de ma route, qui, à première vue, m'avait presque glacé. Je m'étonne surtout de le faire avec conviction, avec un vrai désir d'être écouté, de persuader, d'entraîner, comme j'ai fini par être entraîné moi-même.

Cet automne, un très respecté amiral m'écrivit pour me prier de m'occuper des *Hôpitaux de Pen-Bron*, que j'entendais nommer pour la première fois. J'avoue que si la lettre n'eût pas été signée de ce nom de marin, j'aurais détourné la tête. Que me demandait-on là, mon Dieu, et à quel propos ! Un *hôpital pour les enfants scrofuleux*, qu'est-ce que cela pouvait me faire, à moi? Qu'on les laissât plutôt mourir, ces pauvres petits, pour leur épargner une vie misérable — et peut-être une descendance honteuse. Il y en a bien assez, hélas ! d'étiolés en France et de traînards dans nos armées...

Par vénération pour celui qui s'était adressé à moi, je répondis cependant que je tâcherais, que je ferais tout ce que je pourrais même, avec ma meilleure volonté. Et j'écrivis, un peu à contre-cœur, au fondateur de Pen-Bron — M. Pallu, dont l'amiral me donnait le nom et l'adresse — qu'il pouvait disposer de moi.

Deux ou trois jours après, M. Pallu en personne arriva de Nantes pour me voir.

D'abord sa chaude parole ne me toucha

pas. Ces petits êtres maladifs, ces petits scrofuleux dont il m'entretenait continuaient de ne me causer qu'un vague effroi, qu'une pitié relative mêlée de je ne sais quel insurmontable dégoût. — Je l'écoutais avec résignation. — On lui en apportait, me contait-il, qui avaient les membres étendus dans des gouttières et qui étaient rongés par des plaies horribles; dans des petites boîtes, on lui en apportait qui tombaient presque par morceaux; — et il les remettait sur pied, au bout de peu de mois, leur refaisait des os, une espèce de santé, leur assurait la vie...

A la fin, lassé, je l'interrompis pour lui dire, un peu brutalement : « Il serait peut-être plus humain de les laisser mourir. »

Avec un grand calme, il me répondit qu'il était de mon avis. Alors je commençai à prévoir que nous pourrions peut-être nous entendre : son œuvre avait sans doute des dessous qu'il m'expliquerait, une portée plus haute que je ne devinais pas encore.

Peu à peu il m'apprenait des choses encore inouïes pour moi, qui m'épouvantaient : les progrès de ce mal, dont le nom seul entraîne l'opprobre ; les progrès de plus en plus rapides, en ces dernières années surtout ; les misères, l'appauvrissement physique des enfants des grandes villes ; le tiers au moins du sang français déjà vicié !...

Ces guérisons, opérées à Pen-Bron, sur des petits êtres réputés perdus et qui resteraient piteusement débiles, n'avaient pour lui que la valeur d'expériences probantes ; elles démontraient que ce mal, dont je ne veux plus écrire le nom, était curable, absolument curable, sous certains climats spéciaux, par le sel et par la mer. Et alors il rêvait d'étendre son œuvre, d'en faire quelque chose d'immense, de général ; de tenter un renouvellement de la race tout entière.

« Aujourd'hui, me disait-il, dans cet hôpital si péniblement fondé, qui peut tout juste contenir cent enfants, nous n'avons guère que le rebut des autres hôpitaux de France : des pauvres petits phénomènes morbides, qui ont traîné pendant des années sur des lits, qui ont lassé tous les médecins et qu'on nous apporte *in extremis*, quand on n'espère plus. Mais si au lieu de cent enfants, nous pouvions en recevoir à Pen-Bron des milliers et des milliers, dans de grands bâtiments échelonnés sur des kilomètres de façade, tout le long de cette merveilleuse presqu'île de sable où l'air est toujours tiède et imprégné de sel ; si, au lieu de ces petits êtres dont la chair est percée de trous profonds, on nous amenait tous ceux que le mal a encore à peine touchés, tous ceux qui sont menacés seulement ; — oh ! si on pouvait y faire passer chaque année tous les petits pâlots, tous les

petits malsains qui croissent sans air dans les usines des grandes villes, et qui deviennent ensuite de faibles soldats couturés — et dont les fils seront plus pitoyables encore; s'ils pouvaient venir tous, à cet âge où la constitution s'améliore si vite, demander à la mer un peu de cette force qu'elle donne à ses marins, à ses pêcheurs... »
Et à mesure qu'il me développait son idée, à mesure qu'il l'agrandissait devant moi avec une conviction ardente, je voyais monter dans ses yeux comme une expression d'apôtre; je comprenais que l'œuvre à laquelle il avait voué sa vie était noble, française, humaine.

Donc, presque gagné déjà à sa cause, je lui promis d'aller moi-même à Pen-Bron, pour voir, avant d'essayer d'en parler (je n'ai jamais su parler que de ce que j'avais bien vu), pour voir ce qu'il avait commencé de faire là — sur ses « sables merveilleux », comme il les appelait.

*
* *

Quelques semaines plus tard — à la fin de septembre — nous sommes au Croisic, sur le port encombré de barques de pêche. Devant nous, l'eau marine a ce bleu plus intense qu'elle prend toujours dans les endroits où, sous l'influence de certains courants, elle est plus particulièrement salée et chaude. Et là-bas, au delà des premières bandes bleues, un vieux chalet à donjon, blanchi de frais, se dresse complètement isolé, sur des sables qui paraissent être une île; ce chalet est Pen-Bron; mais jamais hôpital n'eut moins l'air d'en être un; on a même grand'peine à se figurer que cette gaie habitation de plein vent puisse renfermer tant de pauvres choses sinistres, tant de variétés excessives et rares d'un mal horrible.

Après quelques minutes de traversée,

une barque nous dépose sur ces sables — qui ne sont point un îlot comme on l'aurait cru de loin, mais qui forment l'extrémité d'une longue, longue et étroite presqu'île, d'une espèce de plage sans fin resserrée entre l'Océan et des lagunes à sel alimentées par la mer. Pen-Bron est là, entouré d'eau comme un navire. Devant ses murs, on a esquissé un jardin, que balaient tous les souffles du large, mais où les fleurs poussent tout de même dans les plates-bandes sablonneuses.

Une soixantaine d'enfants se tiennent dehors, petits garçons et petites filles, en deux groupes séparés. Les petits garçons jouent, causent, chantent. Sous la surveillance d'une bonne sœur en cornette, les petites filles en font autant de leur côté, à part quelques-unes un peu grandes, qui sont assises sur des chaises et travaillent à l'aiguille. — Et c'est comme cela tous les jours, paraît-il, excepté par les grandes pluies ; constamment installés dehors, les pensionnaires de Pen-Bron tournent, d'après le vent et le soleil, autour des murs de leur maison, regardant tantôt la lagune, tantôt la grande mer, sans cesse respirant cette brise qui laisse aux lèvres un goût de sel. Et vraiment — si ce n'était qu'on aperçoit quelques béquilles soutenant de pauvres petites jambes trop faibles, quelques bandages cachant encore des moitié de figure, et, adossés à la muraille, trois ou quatre petits fauteuils d'une forme un peu inquiétante — on croirait arriver dans un pensionnat quelconque, à l'heure de la récréation ; tellement, que je sens tout à coup s'envoler cette sorte d'horreur physique, d'angoisse irraisonnée qui me serrait la poitrine à l'abord de ce muséum de misères.

Je n'ai plus qu'un sentiment de curiosité en approchant de ces petits malades : de loin, je les vois jouer comme n'importe quels autres enfants de leur âge ; mais, pour être là, cependant, il faut qu'ils soient tous, tous sans exception, atteints jusqu'aux moelles par quelque maladie effroyable. — Et alors, quelles figures vont-ils avoir?

— Mon Dieu, des figures comme tout le monde; quelquefois même, à mon grand étonnement, des figures très gentilles, arrondies, pleines, imitant la santé. Et comme ils sont brunis, grillés ; ils ont sur les joues la patine de la mer, comme de vrais petits pêcheurs ; on dirait qu'ils ont volé aux enfants des marins ce bon hâle de vent et de soleil qui leur donne l'air si fort. C'est une surprise complète de les trouver ainsi.

De plus près, cependant, oui, il y a bien quelques détails à faire frémir; sous les larges petits pantalons de campagnards, des jambes odieusement tordues, contournées, des tibias courbes; sous les petites vestes, des corsets durs soutenant encore des vertèbres ramollies qui s'effondreraient ; et puis, dans les chairs, de grands trous qui sont à peine refermés, des cicatrices creuses et horribles ; toutes sortes de mystérieux phénomènes, d'un ordre très lugubre...

Mais la gaieté souriante est là quand même, dans presque tous les yeux ; on sent que la confiance et l'espoir sont revenus à ces petits atrophiés qui ont l'impression d'un retour inespéré de la vie dans leurs corps frêles...

M. Pallu, qui m'accompagne, les appelle les uns après les autres, tout fier de me les présenter avec de si bonnes joues bronzées ; et ils me montrent leurs cicatrices sans honte, les pauvres enfants — et chacun même me conte son passé lamentable. Celui-ci avait depuis six ans une plaie ouverte au côté, en dessous du bras ; le trou se creusait toujours et les traitements des hôpitaux n'y faisaient rien; il y a quatre ou cinq mois qu'il est à Pen-Bron, et c'est fermé, c'est fini; en souriant, il écarte sa petite chemise pour que je voie la place, où ne reste plus qu'une longue cicatrice un peu rouge. — Un autre, d'une dizaine d'années, venait de passer quatre ans sur un lit d'hôpital, étendu dans une espèce de boîte, avec le mal de Pott, un mal dont je n'avais encore jamais entendu parler, mais dont le nom seul a je ne sais quelle consonance qui glace : c'est dans la colonne vertébrale ; les anneaux ne se tiennent plus entre eux, la soudure en est rongée, et alors le petit corps du malade, livré à lui-même, s'effondrerait comme une lanterne vénitienne que l'on décroche et qui se replie. Eh bien ! l'enfant qui avait ce mal-là est debout devant moi; on lui a ôté depuis deux ou trois jours le corset qui lui avait soutenu le dos pendant ses premières sorties; il n'en a plus besoin, et même son torse restera à peine déformé.

Et tous ont des choses du même genre à me montrer et à me dire, avec une naïveté joyeuse, avec un air de confiance absolue dans leur guérison complète et prochaine. Le grand air salé de Pen-Bron vient à bout de toutes ces sinistres décompositions humaines, presque aussi sûrement que les vents chauds d'été dessèchent les cloaques putrides, les suintements des murailles et les moisissures.

※

Nous entrons ensuite dans l'hôpital qui, pendant la journée, est presque vide. C'est un très vieux bâtiment, un ancien magasin à sel, que M. Pallu a transformé. Et il lui a fallu pour cela une volonté et une constance extrêmes. Les frais ont été à peu près couverts par des dons. Mais ce n'est pas sans peine, sans déboires de toutes sortes, que l'on arrive à recueillir une centaine de mille francs pour une œuvre pareille, si peu attrayante à première vue.

L'hôpital de Pen-Bron, dans son état actuel, contient environ cent lits — cent lits d'enfant, quelques-uns à peine plus grands que des berceaux. Les salles toutes blanches ouvrent toujours des deux côtés sur la mer; comme si on était dans une maison flottante, on ne voit par les fenêtres que de grandes étendues marines, que de grands horizons changeants, avec des barques de pêche qui s'y promènent à la voile. Et la chapelle, très simple, avec sa voûte de chêne, ressemble à une chapelle de navire. Les petits malades nouveau-venus, qui ne peuvent pas encore sortir, au lieu de regarder de grands murs gris, comme dans les hôpitaux ordinaires, s'amusent, de leur place, à voir les bateaux passer et reçoivent jusque dans leur couchette le grand air vivifiant du large. Par contraste avec les pensionnaires plus anciens, ils ont, ceux-ci, un teint blême, une transparence de cire et de trop grands yeux cernés.

Mais leur temps de stage dans les salles n'est généralement pas bien long; au plus vite, coûte que coûte, on les envoie dehors, au soleil, respirer la senteur salée des eaux. Il y a même pour eux des barques spéciales sur lesquelles on les couche, des espèces de lits flottants pour les mener sur la lagune. Par une fenêtre ouverte, on me montre là-bas leur pauvre petite escadre singulière qui s'éloigne de la rive, à la remorque d'un canot; trois de ces radeaux-lits sont occupés par des enfants pâles; dans le canot se tient l'aumônier qui les conduit, emportant un livre pour leur faire la lecture pendant les longues heures du mouillage quotidien.

Parmi ceux qui ne peuvent sortir encore, il s'en trouve vraiment de bien étiolés, de bien blêmes, plus attristants à regarder que des enfants morts. Mais tous m'accueillent avec un gentil sourire; sans doute on le leur a recommandé; avant que je vienne, on a dû leur dire que j'étais quelqu'un de dévoué à leur cause; alors, dans leur imagination toujours en rêve, ils m'attribuent peut-être quelque bienfaisant pouvoir un peu magique. Et il me semble que leurs bons petits regards m'obligent davantage à faire pour leur hôpital tout mon possible. Çà et là, sur les lits, il y a des jouets. Oh! bien modestes : pour les petites filles, ce sont des poupées, des marottes plutôt, habillées en peignoir d'indienne. Ici, un petit garçon de quatre ou cinq ans — qui a les deux jambes dans des gouttières avec des poids attachés aux pieds pour empêcher ses os ramollis de se recoquiller — s'amuse à aligner sur son drap des soldats en carton, cadeau de la bonne sœur. Et puis mes yeux s'arrêtent charmés sur une délicieuse petite créature d'une douzaine d'années, blanche et rose, avec des traits affinés étrangement, qui ne joue à rien, mais qui paraît déjà rêver avec une mélancolie profonde, la tête sur son oreiller tout propre et tout blanc. Je demande quel est son mal, à cette petite si jolie. On me répond que c'est l'horrible mal de Pott, arrivé à son dernier degré, et qu'on a peur qu'il ne soit bien tard pour la guérir...

Son regard, à elle, m'impressionne singulièrement ; il est comme un appel, une supplication douloureuse, un cri de désespérance clairvoyante et sans borne. — D'ailleurs, aucune parole ni aucune larme n'égalent pour moi ces prières d'angoisse qui, à certains moments, jaillissent ainsi, muettes et brèves, des yeux des déshérités quels qu'ils soient — enfants malades, vieillards pauvres et abandonnés, ou même bêtes battues qui tremblent et qui souffrent... Oh! la pauvre petite! Et moi qui avais dit, en parlant de ces enfants de Pen-Bron, qu'il vaudrait mieux les laisser mourir! C'est d'une manière générale et vague que l'on dit de pareilles choses, *quand on n'a pas vu;* mais dès qu'il s'agit de passer à l'application individuelle, on sent tout de suite qu'on ne pourrait plus, que ce serait monstrueux. Et puis, de quel droit, lorsqu'il y a moyen de l'empêcher, laisserait-on repartir pour le mystérieux inconnu de la mort des petits yeux clairs, intelligents comme ceux-là, des petits yeux interrogateurs, suppliants — et qui viennent à peine de s'ouvrir sur la vie... Quand même l'idée de développer ces hôpitaux jusqu'à en faire une œuvre de régénération nationale serait une chimère impossible, rien que pour ramener à la santé quelques petites créatures comme celles que je viens de voir, il vaudrait la peine cent fois de continuer, d'agrandir...

Mais la chimère est très réalisable — avec de l'argent, par exemple, de l'argent, beaucoup d'argent. Derrière l'hôpital actuel, il y a cette interminable presqu'île de sable, qui court à perte de vue, comme un ruban jaunâtre entre les eaux bleues de la mer et les eaux encore plus bleues de la lagune salée. C'est là, dans cette exposition incomparable, que M. Pallu, le fondateur de Pen-Bron, rêve de prolonger sur des kilomètres de façade ses rangées de lits blancs, pour que des milliers de petits affaiblis viennent s'y faire, comme les marins, des poitrines bombées et des muscles durs.

. . . .

Et surtout qu'on ne pense pas que j'ai prêté ma voix, par surprise, à une spéculation intéressée. Oh ! non, qu'on ne se méprenne pas sur ce point. Celui qui a fondé Pen-Bron y a dépensé son argent en même temps que son énergie et sa volonté. Il y a là un conseil d'administration qui n'est pas rétribué ; un conseil composé de gens d'élite qui, lorsqu'un déficit se produit dans la caisse, le comblent avec leur propre bourse. Il y a là des médecins qu'on ne paie pas et qui viennent tous les jours de Nantes par pur dévouement. Il y a là des sœurs de charité qui sont admirables, et voici un trait pour peindre la sœur supérieure : faute d'argent, on ne peut pas brûler les linges souillés qui ont bandé les plaies, on est obligé de les laver pour les faire resservir et, les femmes de peine refusant toutes cette effroyable besogne, cette sœur a dit simplement : « Moi, je les laverai. » — Et elle les a lavés, et elle les lave elle-même chaque jour pendant ses heures de repos.

C'est toute une réunion de gens de cœur, liés par une foi commune dans leur œuvre ébauchée, et soutenus, à travers les difficultés terribles, par les merveilleux résultats acquis. Ils ont fondé quelque espoir sur moi, sur ce que je pourrais dire pour les rendre un peu moins ignorés... et je tremble que leur espoir ne soit déçu, tant j'ai conscience, hélas! que leur œuvre admirable est de celles qui, à première vue, n'attirent pas... L'argent leur manque, non seulement pour entreprendre leur grand projet rêvé, la régénération en masse des enfants de France, mais même pour faire face aux plus pressantes misères; chaque jour, faute de place, ils se voient obligés de fermer leur porte à des parents qui viennent supplier qu'on prenne leurs petits.

Si ma voix pouvait être entendue! si je pouvais leur attirer quelques dons!... Ou si, au moins, à ceux qui ne se laisseront pas convaincre, je pouvais inspirer la curiosité d'aller, pendant leurs voyages de bains de mer, visiter Pen-Bron... je suis sûr que, quand ils auraient vu, ils seraient gagnés comme je l'ai été — et qu'ils donneraient.

DANS LE PASSÉ MORT

DANS LE PASSÉ MORT

Le temps passé, tout l'antérieur amoncelé des durées, obsède mon imagination d'une manière presque constante.

Et souvent j'ai eu ce désir, — le seul irréalisable d'une façon absolue, impossible même à Dieu, — de retourner, ne fût-ce que pour un instant furtif, en arrière, dans l'abîme des temps révolus, dans la fraîcheur matinale des autrefois plus ou moins lointains.

Avec un peu d'attentive volonté, la demi-illusion d'un de ces retours peut me venir, à certaines heures particulières, quand par exemple je pénètre dans des lieux qui n'ont pas changé depuis des siècles, dans des habitations restées intactes, — où de vieux ossements, aujourd'hui éparpillés on ne sait plus dans quelle terre, vivaient, pensaient, souriaient. Je l'éprouve aussi en retrouvant par hasard de ces choses tout à fait fragiles, frêles, qui parfois se conservent miraculeusement, après que les êtres auxquels elles ont appartenu sont depuis longtemps retournés à la plus méconnaissable poussière. — Alors je revois assez bien, en esprit, des personnages disparus, vieux ou délicieusement jeunes. Mais jamais je n'arrive à me les représenter à la lumière du plein jour : le vague crépuscule dans lequel ils me réapparaissent d'ordinaire tient à la fois de l'extrême matin et de la nuit qui tombe, de l'aube étrangement fraîche et du suprême soir.

Mes ancêtres les plus proches, ceux du commencement de ce siècle ou de la fin de l'autre, que les portraits m'ont appris à connaître de visage et de sourire, desquels on m'a dit les allures et les façons habituelles, dont certaines phrases entières m'ont même été rapportées, — et qui, d'ailleurs, vivaient d'une vie déjà si semblable à la nôtre au milieu d'objets connus, — je les revois parfaitement, ceux-là; mais toujours par des soirs de printemps, par de beaux crépuscules limpides embaumés de jasmin.

Cette association, qui se fait malgré moi entre les soirées de mai, l'odeur de ces fleurs et le temps passé, je lui trouve beaucoup de charme. Je me l'explique d'ailleurs assez facilement. D'abord, le jasmin est une plante de mode ancienne; les vieux murs de notre maison familiale, dans l'île d'Oléron, en sont tapissés depuis deux ou trois siècles.

Et puis surtout, un soir, dans mes commencements à moi, comme je revenais de la promenade, au crépuscule, grisé des senteurs de la campagne, du foin nouveau, de la belle verdure partout réapparue, je trouvai au fond de notre cour ma grand'mère et ma grand'tante Berthe, assises là à prendre le frais sur un banc, dans la pénombre, sous des branches retombantes dont on distinguait encore confusément les fleurs blanches (vieux jasmins toujours). Elles étaient en train de causer de deux de leurs sœurs, mortes accidentellement très jeunes, — vers 1820 à peu près, — qui, paraît-il, s'attardaient aussi dans cette cour, les soirs des printemps d'alors, à chanter des duos accompagnés de guitares... Alors, il me vint une impression subite de temps passé, la première vraiment vive depuis que j'étais au monde, saisissante, presque effrayante, avec tout un rappel de sensations qui semblaient ne plus bien m'appartenir à moi-même...

On n'en avait encore jamais parlé devant moi, de ces deux jeunes filles mortes, et je m'approchai, frissonnant, l'imagination tendue, pour écouter avec une crainte avide ce qu'on dirait d'elles. Oh! ces duos qu'elles chantaient, ces voix d'autrefois qui vibraient à cette même place et par des soirs de mai pareils!... Poussière à présent, les lèvres, les gosiers, les cordes qui avaient donné, dans la même tranquillité fraîche des crépuscules, ces harmonies-là... Et très vieilles, près de mourir aussi, les deux aïeules qui, les dernières, s'en souvenaient.... J'écoutais, je questionnais timidement sur leurs aspects : « Comment étaient leurs figures, à qui ressemblaient-elles?... » Déjà se dressait devant ma route le sombre et révoltant mystère de l'anéantissement brutal des personnalités, de la continuation aveugle des familles et des races... Pendant tous ces printemps-là, le soir, sous ce berceau de jasmin, je songeai obstinément à ces deux jeunes filles, mes grand'tantes inconnues... Et l'association d'idées dont je parlais tout à l'heure fut faite dans mon esprit pour toujours.

*
* *

Tout récemment, un soir de ce dernier mois de mai, à la fenêtre de mon cabinet de travail, je regardais la belle lumière s'éteindre peu à peu sur notre quartier tranquille, sur les maisons toujours connues d'alentour. Les hirondelles, les martinets, après des tournoiements et des cris de joie effrénée, intimidés maintenant par l'ombre, avaient fait silence tous en même temps, comme au signal d'un chef, s'étaient nichés un à un sous les tuiles, laissant libres les champs de l'air pour les rapides et à peine visibles chauves-souris. Un reste de splendeur rose planait au-dessus de nous, n'effleurant bientôt plus que le sommet des vieux toits, puis remontait toujours, et se perdait en haut dans le vide trop profond du ciel... La vraie nuit allait venir...

Une senteur de jasmin m'arriva tout à coup des jardins du voisinage, — et alors je songeai au passé, — mais à ce passé qui nous précède à peine, à celui dont les acteurs ont encore forme sous la terre dévorante et encombrent les cimetières de leurs cercueils presque intacts : hommes qui portaient au cou la cravate à plusieurs tours de 1830, femmes qui se coiffaient en papillotes, pauvres débris qui ont été des grands-pères, des grand'mères tendrement pleurés — et que déjà l'on oublie... Sans doute, grâce à l'immobilité des petites villes de province, ce quartier placé sous mes yeux n'avait dû guère changer depuis l'époque antérieure qui maintenant préoccupait mon imagination. Restée la même aussi, cette vieille maison qui nous fait vis-à-vis et où jadis une de mes grand'mères habitait. Et l'obscurité aidant, je m'efforçai, avec toute ma volonté, de me figurer que les temps actuels n'avaient pas encore commencé d'être; que la date de ce jour était plus jeune de soixante ou quatre-vingts années. — Si la porte de cette maison d'en face allait s'ouvrir, pour donner passage à cette grand'-mère à peine connue, qui apparaîtrait là, jeune encore et jolie, avec des manches à gigot et une étrange coiffure ; si d'autres promeneuses aussi, dans des atours de la même époque, allaient peupler la rue de leurs ombres légères... Oh! quel charme, quel amusement mélancolique il y aurait à revoir, ne fût-ce qu'un seul instant, ce même quartier par un crépuscule de mai 1820 ou 1830 ; les jeunes filles d'alors, dans leurs costumes et leurs attitudes surannés, partant pour la promenade ou paraissant aux fenêtres pour prendre la fraîcheur du soir !...

. . . .

Il s'ensuivit que, la nuit d'après, je vis en songe ce que je m'étais si intensément représenté à moi-même pendant cette rêverie-là : une tombée de nuit de mai, vers le premier quart de ce siècle prêt à finir. Dans les rues de ma ville natale, qui n'étaient guère changées mais où descendait une pénombre de soir assez sinistre, je me promenais, avec quelqu'un de ma génération... je ne sais trop qui, par exemple, un être invisible, pur esprit, comme en général mes compagnons de rêve, — ma nièce peut-être, ou bien Léo, en tout cas un personnage en communion habituelle d'idées avec moi et hanté à ma manière par l'obsession du passé. Et nous regardions de nos pleins yeux, pour ne rien perdre de cet instant, que nous savions rare, unique, instable, impossible à retenir, instant d'une époque si ensevelie, qui revivait par quelque artifice magique. — On sentait très bien du reste qu'on ne pouvait compter sur la fixité de ces choses; parfois les images s'éteignaient brusquement, pour une demi-seconde, réapparaissaient, puis s'éteignaient encore; c'était comme une pâle fantasmagorie clignotante, qu'un effort de volonté, très pénible à soutenir, aurait réussi à faire jouer à travers des couches trop épaisses d'ombre morte. — Nous pressions le pas, un peu affolés, pour voir, voir le plus possible, avant le coup de baguette qui replongerait tout dans la grande nuit définitive; il nous tardait d'arriver jusqu'à notre quartier, dans l'espoir d'y rencontrer quelque personne de la famille, quelque aïeul que nous pourrions reconnaître, — ou, qui sait, peut-être maman et tante Claire, encore très petites filles, qu'on ramènerait de la promenade du soir, de la cueillette des fleurs de mai... Les passants se hâtaient aussi de rentrer, de disparaître, dans les maisons dont ils fermaient vite les portes, — comme des ombres déshabituées d'errer en pleine rue, un peu inquiètes de se retrouver en vie. Les femmes avaient des manches à gigot, des peignes à la girafe, des chapeaux si surannés que, malgré notre saisissement et notre vague effroi, il nous arrivait de sourire... Un vent triste, au coin des rues surtout, agitait, dans le crépuscule confus, les jupes, les petits châles, les écharpes un peu comiques des promeneuses, leur donnant l'air encore plus fantôme. Mais, malgré ce vent-là et malgré cette pénombre funèbre, c'était bien le printemps : les tilleuls étaient en fleurs, et, sur les vieux murs, des jasmins embaumaient...

Bien près de nous, passa un couple encore tout jeune, deux amoureux tendrement appuyés au bras l'un de l'autre, et je ne sais quoi de déjà connu dans leurs figures nous fit les dévisager avec plus d'attention : « Oh ! dit ma nièce, d'un ton moitié attendri, moitié moqueur sans méchanceté... les vieux Dougas ! » (C'était devenu définitivement ma nièce, cette personne, imprécise au début, qui m'accompagnait ; je la voyais même à présent d'une façon assez nette, cheminant à mes côtés, très vite elle aussi, courant presque.)

Les vieux Dougas, en effet ! c'était la ressemblance que je cherchais moi-même. Et nous étions tout émus, non pas précisément à cause d'eux, mais du fait seul d'avoir enfin réussi à reconnaître quelqu'un dans ce peuple de spectres furtifs. Cela donnait tout à coup un charme de plus frappante vérité à cette replongée dans le temps et cela jetait sur cette revue de choses effacées une mélancolie encore plus indicible...

Ces vieux Dougas, les personnages certes auxquels nous pensions le moins, sous quel aspect inattendu ils venaient de passer près de nous !... Deux pauvres êtres grotesques, connus de vue autrefois dans le quartier, déjà caducs et perclus quand nous étions encore enfants, de ces vieillards qui font aux jeunes l'effet d'avoir toujours été ainsi... Et c'étaient vraiment eux qui trottaient de ce pas alerte, à ce petit vent du soir, avec ces airs de tourtereaux. Elle, absolument jeune, tête penchée, cheveux très noirs, arrangés assez coquettement sous un grand chapeau de son temps. Pas plus ridicules que d'autres, mon Dieu, pas plus laids, transfigurés par la seule magie de la jeunesse, ayant l'air de jouir autant que n'importe qui des heures fugitives du printemps et de l'amour... Et, de les voir amoureux et jeunes, eux aussi, ces vieux Dougas, cela me donnait une compréhension encore plus désolée de la fragilité de ces deux choses, amour et jeunesse, — les seules qui vaillent la peine que l'on vive...

*
* *

Une autre impression très poignante de temps passé m'est venue tout dernièrement, en pays corse.

A Ajaccio, où j'arrivais à peine et pour la première fois, des amis m'avaient mené voir la maison où naquit Napoléon Ier. — C'était au printemps, toujours, — un printemps plus chaud que le nôtre, lourd sous un ciel couvert, avec des senteurs d'orangers et de je ne sais quelles autres plantes presque africaines. — Par avance, je ne m'en souciais guère de cette maison, comme du reste de tous les lieux très cotés dans les guides et où chacun se croit obligé de courir ; ça ne me disait rien, et je n'en attendais aucune émotion.

Le quartier cependant me plut assez dès l'abord ; on sentait que, dans le voisinage immédiat, rien n'avait dû beaucoup changer, depuis l'enfance de cet homme qui a tant bouleversé le monde.

La maison surtout était intacte et, dès l'entrée, l'heure du soir et le silence aidant, le passé commença de sortir pour moi des ténèbres d'en-dessous — évoqué comme toujours par les détails les plus infimes : l'usure des marches de l'escalier, le badigeon fané des murailles, le vieux râcloir en fer placé sur le seuil, pour les pieds crottés du XVIIIe siècle... — Le passé commença de s'agiter d'une vie spectrale, dans ma tête attentive...

D'abord la cour, la toute petite cour triste et sans verdure, entourée de hautes maisons très anciennes... Je vis jouer là-dedans, en costume d'autrefois, l'enfant singulier qui devint l'empereur...

Les appartements, où je pénétrai au crépuscule, ne s'éclairaient qu'à travers des jalousies partout fermées, comme pour plus de mystère. Les choses avaient un air d'élégance, un parfum de bon ton dans cette grande demeure; évidemment, en tenant compte de l'époque, les maîtres de céans avaient dû être des gens fort bien. Et puis le sceau du passé était imprimé si fortement partout! L'odeur de poussière, le délabrement extrême de ces meubles Louis XV ou Louis XVI, mangés par les mites et la vermoulure, donnaient si facilement l'illusion d'un abandon absolu, d'une longue immobilité de sépulcre, comme si personne n'eût pénétré là, depuis tantôt cent ans que les hôtes historiques en étaient sortis. Dans la salle à manger, donnant sur la petite rue presque déserte, il y avait au milieu leur table encore dressée, avec de bizarres chaises de forme antique rangées autour, — et peu à peu j'arrivai à me représenter, par une soirée de printemps effroyablement pareille à celle-ci, avec les mêmes bruits d'oiseaux sur les toits et les mêmes senteurs dans l'air, un de leurs soupers de famille ; ils ressuscitaient tous à mes yeux maintenant, dans la pénombre favorable aux morts, avec leurs costumes et leurs visages ; la pâle madame Lœtitia, assise au milieu de ses enfants un peu étranges, dont l'avenir énigmatique préoccupait déjà son esprit grave... C'est si près de nous, leur époque, quand on y songe ; nous sommes encore si voisins les uns des autres, dans la suite profonde et sans commencement des durées...

Puis, de cette mère d'empereur, ma pensée se reporta sur la mienne, à moi l'obscur, et — sans qu'il me soit possible d'expliquer en aucune façon ce sentiment-là — j'éprouvai une tristesse subite, quelque chose comme un vertige d'abîme, à me dire que ce souper des Bonaparte, revu tout à coup si nettement, se passait plus d'un demi-siècle avant qu'il fût question dans ce monde de ma mère à moi; de ma mère qui est toujours ce que j'ai de plus précieux et de plus stable, qui est toujours celle contre qui je me serre, avec un reste de confiance tendre de petit enfant, quand la terreur me prend, plus sombre, de la destruction et du vide.

Je ne sais comment exprimer cela, mais j'aimerais mieux pouvoir me figurer que ses commencements à elle remontent plus haut que tout, que sa foi douce, qui me rassure encore, a des origines un peu lointaines dans le passé; — de même que j'ai l'inconséquence de presque espérer pour son âme, au delà de la mort, un prolongement sans fin. Non, songer à un temps déjà si semblable au nôtre et où cependant elle n'avait pas même commencé d'exister, cela me déroute ; je crois que cela me donne une perception nouvelle, plus décevante encore, du rien que nous sommes tous deux dans le tourbillonnement immense des êtres et dans l'infinité des temps.

* * *

L'attention est vite distraite, par fatigue, dès qu'elle a été un peu trop tendue sur un sujet donné. Je continuai maintenant ma visite à la maison de l'empereur en pensant à autre chose, à n'importe quoi, sans m'y intéresser plus.

Je regardai pourtant encore sa modeste chambre à lui, sa chambre de jeune homme, où, dit-on, il coucha pour la dernière fois à son retour d'Égypte. Elle était assez saisissante d'aspect, avec tous ses menus détails respectés. Dans notre vieille maison de l'île d'Oléron, je me souviens d'en avoir connu une pareille, habitée jadis par une arrière-grand'tante huguenote qui avait été presque sa contemporaine.

* *
*

Mais, pour moi, l'âme et l'épouvante du lieu, c'est, dans la chambre de madame Lœtitia, un pâle portrait d'elle-même, placé à contre-jour, que je n'avais pas remarqué d'abord et qui, à l'instant du départ, m'arrête pour m'effrayer au passage. Dans un ovale dédoré, sous une vitre moisie, un pastel incolore, une tête blême sur fond noir. Elle lui ressemble à lui; elle a les mêmes yeux impératifs et les mêmes cheveux plats en mèches collées; son expression, d'une intensité surprenante, a je ne sais quoi de triste, de hagard, de suppliant; elle paraît comme en proie à l'angoisse de ne plus être... La figure, on ne comprend pas pourquoi, n'est pas restée au milieu du cadre, — et l'on dirait d'une morte, effarée de se trouver dans la nuit, qui aurait mis furtivement la tête au trou obscur de cet ovale pour essayer de regarder, à travers la brume du verre terni, ce que font les vivants — et ce qu'est devenue la gloire de son fils... Pauvre femme ! à côté de son portrait, sur la commode de sa vieille chambre mangée aux vers, il y a sous globe, une « crèche de Bethléem » à personnages en ivoire, qui semble un jouet d'enfant ; c'est son fils, paraît-il, qui lui avait rapporté ce cadeau d'un de ses voyages... Ce serait si curieux à connaître, leur manière d'être ensemble, le degré de tendresse qu'ils pouvaient avoir l'un pour l'autre, lui affolé de gloire, elle toujours inquiète, sévère, attristée, clairvoyante...

Pauvre femme ! Elle est bien dans la

nuit, en effet, et le grand éclat mourant de l'empereur suffit à peine à maintenir son nom dans quelques mémoires humaines. — Ainsi, cet homme a eu beau s'immortaliser autant que les vieux héros légendaires, en moins d'un siècle sa mère est oubliée; pour la sauver du néant, il reste à peine deux ou trois portraits à l'abandon, comme celui-ci qui déjà s'efface. Alors, les nôtres, — nos mères à nous les ignorés, — qui s'en souviendra? Qui conservera leur image chérie quand nous n'y serons plus?...

En face de ce pastel, à un angle opposé de cette même chambre, une autre petite chose triste attire encore mes yeux, malgré l'obscurité crépusculaire qui tombe : c'est, dans un simple cadre de bois, une photographie jaunie accrochée au mur. Elle représente, tout enfant et en pantalon court, ce très jeune prince impérial qui fut tué en Afrique il y a une douzaine d'années. Une fantaisie singulière, assez touchante, de l'ex-impératrice Eugénie a placé là ce souvenir de son fils, dernier des Napoléon, dans la chambre même où était né l'autre, le grand qui remua le monde...

Je songe à ce qu'il y aura de frappant et d'étrange, dans un siècle ou deux, pour quelques-uns de nos arrière-fils, à passer en revue des photographies d'ancêtres ou d'enfants morts. Si expressifs qu'ils soient, ces portraits, gravés ou peints, que nos ascendants nous ont légués, ne peuvent produire sur nous rien de pareil comme impression. Mais les photographies, qui sont des reflets émanés des êtres, qui fixent jusqu'à des attitudes fugitives, des gestes, des expressions instantanées, comme ce sera curieux et presque effrayant à revoir, pour les générations qui vont suivre, quand nous serons retombés, nous, dans le passé mort...

. . . .

VEUVES DE PÊCHEURS

VEUVES DE PÊCHEURS

A l'une des dernières saisons de pêche, deux navires de Paimpol, la *Petite-Jeanne* et la *Catherine*, se perdirent corps et biens dans la mer d'Islande. Il y eut du même coup trente veuves et quatre-vingts orphelins de plus sur la côte bretonne.

M. Pierre Loti fit alors appel à la charité publique. Une souscription, ouverte aussitôt, rapporta une trentaine de mille francs qui furent distribués aux familles en deuil.

C'est le compte rendu de cette distribution que l'on va lire. (Note de l'Éditeur.)

A Paimpol, un matin de septembre, par temps de Bretagne sombre et pluvieux...

J'ai éprouvé une première émotion assez

poignante quand, à l'heure convenue, je suis entré dans la maison du commissaire de la marine où l'on avait rassemblé les familles des pêcheurs disparus. Le corridor, le vestibule étaient encombrés de veuves, de vieilles mères, de femmes en deuil : des robes noires, des coiffes blanches sous lesquelles coulaient des larmes. Silencieuses toutes, tassées là à cause de la pluie qui tombait dehors, elles m'attendaient.

Dans le bureau du commissaire étaient réunis, sur sa convocation, les maires de Ploubazlanec, de Plouëzec et de Kerity (les trois communes les plus éprouvées). Ils venaient pour assister comme témoins à la distribution et pour donner des renseignements sur la moralité des veuves à qui des sommes relativement considérables allaient être données ; j'avais craint que, sur le grand nombre, il s'en trouvât de peu sûres, de trop dépensières, en ce pays où sévit l'alcool; mais je m'étais bien trompé. Oh! les pauvres femmes, l'assertion des maires, favorable à chacune, était presque inutile tant elles avaient la mine honnête. Et si propres toutes, si soignées, si décemment mises, avec leur humble toilette noire et leur coiffe repassée de frais.

Nous avons commencé par les veuves des marins de la *Petite-Jeanne*.

Elles répondaient l'une après l'autre à l'appel de leur nom et venaient chercher leur argent, les unes avec des sanglots, les autres avec des larmes tranquilles : ou bien seulement avec un petit salut triste, embarrassé, à notre adresse. Quand elles se retiraient, en remerciant tout le monde, les maires avaient la bonté de leur dire, me montrant à elles : « C'est à celui-là, c'est à *Nostre Loti* (en français *Monsieur Loti*) qu'il faut faire vos remerciements. » Alors quelques-unes avançaient une main pour toucher la mienne ; toutes m'adressaient un regard inoubliable de reconnaissance.

Il s'en trouvait parmi elles qui n'avaient jamais vu de billet de mille francs et qui retournaient cette petite image bleue dans leurs doigts avec des airs presque effarés. En breton, on leur expliquait la valeur de ce papier. « Il faudra être économe, disait le maire, et réserver cela pour vos enfants. » Elles répondaient : « Je le placerai, mon bon monsieur, » ou bien : « J'achèterai un bout de champ, — j'achèterai des moutons — j'achèterai une vache... » Et elles s'en allaient en pleurant.

L'appel lugubre une fois terminé pour les veuves de la *Petite-Jeanne*, un incident assez déchirant s'est produit quand nous avons commencé pour la *Catherine*.

Cette *Catherine*, vous savez, a eu un sort mystérieux, comme celui que j'ai conté jadis de la *Léopoldine* ; personne ne l'a jamais rencontrée en Islande, elle a dû sombrer avant d'y arriver ; on n'a rien vu, on ne sait rien de ce naufrage. Mais il y a six mois qu'on est sans nouvelles, et cela suffit pour affirmer qu'elle est perdue. — Cependant, quelques veuves, paraît-il, espéraient encore, contre toute vraisemblance, et je ne m'en doutais pas.

La veille, sur l'avis de l'armateur, nous avions décidé, M. le commissaire de l'inscription maritime et moi, que, faute de preuves, on attendrait encore quelques semaines pour distribuer l'argent à ces familles de la *Catherine*. Les veuves avaient donc été prévenues qu'on les appellerait ce matin pour les informer seulement des sommes à elles destinées, et qu'elles ne les toucheraient qu'au 1er octobre, si aucune nouvelle heureuse n'arrivait d'ici là sur le sort du navire. Mais M. de Nouël, maire de Ploubazlanec, étant venu nous déclarer, pendant la séance, que des pêcheurs de sa commune, rentrés hier d'Islande, avaient rencontré une épave non douteuse de cette *Catherine*, nos hésitations naturellement étaient tombées; il n'y avait plus à balancer, nous pouvions payer de suite.

Les premières veuves appelées — deux toutes jeunes femmes qui se sont présentées ensemble — pensaient être seulement informées du chiffre de leur secours. Quand elles ont vu qu'on les payait, elles aussi, comme leurs sœurs de la *Petite-Jeanne*, elles se sont regardées l'une l'autre avec des yeux interrogateurs; en même temps, une affreuse angoisse contractait leur figure — et c'est devenu alors une explosion inattendue de sanglots qui s'est propagée jusque dans le vestibule où les autres étaient. Les malheureuses, elles ne desespéraient pas encore tout à fait; elles avaient déjà pris le deuil, pourtant, mais elles persistaient à attendre, obstinément, — et à présent qu'on leur mettait cet or dans les mains, il leur semblait que tout était plus fini, plus irrévocable; que c'était la vie de leur mari qu'on leur payait là. Je leur avais porté sans le vouloir, par étourderie, un coup cruel.

∗

Quand toutes celles de la *Catherine* furent parties, une dizaine de pauvres robes noires, qui avaient été convoquées aussi, attendaient encore à la porte... Ici, je suis forcé d'avouer que j'ai outrepassé mes droits. Mais, comme il eût été difficile de ne pas le faire! Et qui pourra m'en vouloir?

Depuis la veille, à l'hôtel où j'étais descendu, des femmes en deuil venaient me demander, et me disaient humblement, sans récrimination, sans jalousie : « Moi aussi, j'ai perdu mon mari en Islande cette année ; il est tombé à la mer — ou il a été enlevé de son navire par une lame — et j'ai des petits enfants. » Il fallait leur répondre : « J'en suis bien fâché, mais vous n'êtes point de la *Petite-Jeanne* ni de la *Catherine ;* or, je n'ai de secours que pour celles-là ; vous, je ne vous connais pas. »

A la fin, j'ai trouvé cette inégalité inique et révoltante. J'en demande pardon aux souscripteurs, mais, après m'y être refusé d'abord, j'ai pris sur moi de les faire entrer dans la répartition ; je me suis décidé à donner une part d'aumône — une part moindre, il est vrai — aux autres femmes de la région de Paimpol *dont les maris se sont perdus en mer dans le courant de cette année,* et j'ai prié M. le commissaire de l'inscription maritime, qui d'ailleurs approuvait ma décision, de vouloir bien recommencer dans ce sens le calcul compliqué du partage.

* *

Hélas ! en ce pays d'*Islandais*, il reste bien des veuves encore auxquelles je n'ai pu venir en aide : des veuves de l'année dernière, des veuves d'il y a deux ans, d'il y a trois ans, toutes dans une grande indigence et chargées de petits enfants bien jeunes. Pour elles, j'ai été obligé de paraître sourd ; il a fallu se borner, s'arrêter.

Il m'a été pénible de ne pouvoir rien pour ces misères plus anciennes ; j'ai souffert surtout de pressentir ma complète impuissance à soulager les misères futures, imminentes, celles qui vont infailliblement résulter des prochaines saisons de pêche —

(car je n'oserai plus maintenant adresser un nouvel appel à mes amis inconnus).

C'est alors que j'ai mieux compris l'espèce de protestation courtoise que m'avaient envoyée les armateurs de Paimpol dès le début de la souscription ; ils s'étaient effrayés presque de voir l'argent arriver si vite aux veuves de la *Petite-Jeanne*, quand d'autres femmes du même pays, demeurant porte à porte avec elles, ayant eu le même malheur dans d'autres naufrages, allaient rester dans leur détresse profonde. Ils m'avaient prié instamment de demander aux donateurs la permission de verser ces fonds à la *Société de Courcy* — et j'avais été sur le point de le faire...

Mais voilà, si je l'avais fait, j'aurais arrêté net l'élan de charité qui se produisait d'une manière si spontanée. Nous sommes ainsi, tous : il faut des infortunes spéciales et mises d'une certaine façon sous nos yeux, pour nous ouvrir le cœur. Les sociétés de secours, organisées dans un but général, nous parlent bien moins, ne nous touchent presque pas. Donc, j'ai *laissé courir*, comme nous disons en marine.

A présent, et pour l'avenir, je suis tout dévoué à cette *Société de Courcy*, dont j'ignorais même l'existence il y a seulement deux mois ; si je puis contribuer à la faire un peu connaître, j'en serai bien heureux.

Il s'est trouvé un homme de cœur — M. de Courcy[1] — qui s'est dévoué tout entier aux veuves et aux petits orphelins de la mer. En sept ans, il a réuni et placé environ huit cent mille francs comme fonds de secours pour les familles de tous les matelots naufragés de France. Il n'y a pas

---

1. Le siège de la *Société de secours aux familles des naufragés*, fondée par M. de Courcy, est à Paris, 87, rue de Richelieu.

un village de pêcheurs où son nom ne soit connu et béni.

Les secours que la société envoie ont, sur ceux qui proviennent d'initiatives particulières, cette supériorité très grande *d'être toujours égaux pour des infortunes égales*, de n'exciter aucun sentiment de jalousie entre les familles que le malheur a frappées.

Mais ces secours sont malheureusement bien inférieurs à ceux que j'ai été assez heureux pour apporter aujourd'hui à Paimpol : ils sont très insuffisants parfois — car l'action de la société s'étend sans distinction sur toutes nos côtes, depuis la Méditerranée jusqu'à la Manche, et ils sont nombreux, hélas ! les marins qui disparaissent tous les ans. Il faudrait encore à M. de Courcy beaucoup de legs, beaucoup de dons, et je voudrais savoir parler de son œuvre excellente avec des mots assez touchants pour lui en attirer quelques-uns.

* * *

Grâce aux renseignements recueillis avec tant de soin par M. le commissaire de la marine, nous avons pu calculer les parts, d'une façon assez équitable, en tenant compte des sommes déjà données par M. de Courcy et en tenant compte surtout de la quantité d'enfants dans chaque famille (y compris les bébés attendus, qui étaient nombreux).

J'ai cru devoir secourir aussi les parents âgés, qui avaient perdu leur soutien dans la personne d'un fils.

* * *

Sur l'état que nous avions préparé, celles qui savaient un peu écrire émargeaient en face de leur nom. Pour les autres qui ne savaient pas (les plus nombreuses), les maires présents signaient comme témoins.

*
* *

A Pors-Even et à Ploubazlanec, où je suis allé le soir, après la distribution terminée, pour voir des amis pêcheurs qui habitent par là-bas, j'ai reçu bien des poignées de main, des remerciements, des bénédictions. Je voudrais pouvoir envoyer aux souscripteurs un peu de tout cela, qui était si franc, si rude et si bon.

*
* *

Le lendemain mardi, je repartais tranquillement de ce pays, dans le coupé de la diligence de Saint-Brieuc, pensant que c'était fini.

Vers deux heures, nous devions traverser

Plouëzec — la commune la plus frappée — celle des marins de la *Petite-Jeanne*.

D'abord, je regardai de loin ce village, ses maisons de granit, ses arbres, sa chapelle et sa flèche grise, — songeant à tout ce qu'il y avait eu là de deuil et de misère.

En approchant davantage, je m'étonnai de voir beaucoup de monde stationnant sur la route : des rassemblements comme pour une foire, mais c'étaient des gens silencieux qui ne bougeaient pas; des femmes surtout et des enfants.

— Je pense que c'est pour vous... Ils vous attendent, me dit un ami Islandais, qui voyageait à côté de moi dans cette voiture.

C'était pour moi en effet; je le compris bientôt. On avait su l'heure à laquelle je passerais et on voulait me voir.

Quand le courrier se fut arrêté devant le bureau de la poste, le maire s'avança, éle-

vant à deux mains une petite fille de six
à sept ans qui avait affaire à moi, — une
très belle petite fille avec de grands yeux
noirs et des cheveux qui semblaient être en
soie jaune paille. Elle avait à m'offrir un
beau bouquet et à me dire ce compliment
(dans lequel elle s'embrouilla un peu, ce
qui la fit pleurer) : « Je vous remercie, parce
que vous avez empêché les petits enfants
de Plouëzec d'avoir faim. »

Ils étaient tous alignés des deux côtés de
la route, ces « petits enfants de Plouëzec » ;
et au premier rang après eux, je reconnaissais les veuves d'hier, qui avaient les yeux
pleins de larmes en me regardant. Derrière
elles, à peu près tout le monde du village et
quelques étrangers aussi, — baigneurs, sans
doute, ou touristes.

Ce n'était pas une foule bruyante, une
ovation avec des cris; c'était beaucoup mieux
et plus que cela ; c'étaient quelques groupes,

composés surtout de pauvres gens, émus, recueillis, immobiles, qui me regardaient sans rien dire.

Le courrier se remit en marche et je saluai de la tête tout le long de la rue, en m'efforçant de conserver ma figure ordinaire, — car un homme est très ridicule quand il pleure...

* * *

J'ai déjà remercié, au nom de ces veuves et de ces orphelins, les souscripteurs qui ont répondu à mon appel. J'ai à les remercier aussi pour moi-même, à cause de ce moment d'émotion très douce que je leur dois.

TANTE CLAIRE NOUS QUITTE

TANTE CLAIRE NOUS QUITTE

> Ah! insensé, qui crois que tu n'es pas moi.
> (V. Hugo. — *Les Contemplations*.)

Dimanche 31 novembre 1890. — Hier au soir, le pas douloureux a été franchi ; la minute précise où l'on comprend tout à coup que la mort arrive, a été passée.

Ceux qui ont eu des deuils le connaissent sans doute tous, cet entretien décisif avec le médecin, sur qui on fixe des yeux sombres presque et irrités tandis qu'il parle. Ses réponses, d'abord obstinément quelconques, puis de plus en plus désolantes à mesure qu'on le presse, font leur chemin peu à peu, vous enveloppant de couches de froid successives qui pénètrent toujours plus avant — jusqu'au moment où l'on baisse la tête, ayant tout à fait entendu... On a envie de lui demander grâce comme si cela dépendait de lui, et en même temps on lui en veut de ne rien pouvoir...

Alors elle va mourir tante Claire...

Et, quand on sait, un certain temps est nécessaire encore pour envisager tous les aspects de ce qui va arriver, même pour se rendre compte de ce qu'il y a d'effroyablement *définitif* dans la mort...

La première nuit vient ensuite, sur cette certitude, avec l'oubli momentané qu'apporte le sommeil, et il faut avoir l'angoisse de se réveiller en retrouvant plus assise que jamais la même pensée noire...

Donc, c'est fini, tante Claire va mourir...

**
* **

Lundi 1ᵉʳ décembre. — Jour de grande gelée. Un triste soleil d'hiver éclaire blanc dans un ciel bleu pâle plus sinistre que ne serait un ciel gris.

Journée passée à attendre la mort de tante Claire. Au milieu de sa chambre elle est couchée sur un lit bas, où on ne l'avait posée que pour un instant et où elle a demandé qu'on la laissât sans la déranger plus.

C'est bien toujours sa chambre d'autrefois où j'aimais tant à me tenir des journées entières quand j'étais enfant; beaucoup de mes premiers petits rêves étranges, sur le grand univers inconnu, y sont restés accrochés un peu partout, aux cadres des glaces, aux aquarelles anciennes des murs, — et surtout enchevêtrés aux dessins nuageux du marbre de la cheminée, que je regardais de près les soirs d'hiver, y découvrant toutes sortes de formes de bêtes ou de choses, quand l'heure du crépuscule me ramenait devant le feu... On n'y a rien changé, à cette cheminée où jadis tante Claire plaçait pour moi l'*Ours aux pralines* — et je revois toujours à leurs mêmes places la table sur laquelle elle m'aidait à faire mes pensums, la grande commode que j'encombrais si bien de mon théâtre de *Peau d'Ane*, de mes fantastiques décors et de mes petits acteurs de porcelaine. Toute mon enfance, anxieuse ou enchantée, tous mes commencements, inquiets ou éblouis de mirages, je les retrouve ici aujourd'hui, avec déjà une sorte de mélancolie d'outre-tombe, dans cette chambre où j'ai été tant choyé, consolé, gâté, par celle qui va y mourir... Oh! la fin de tout. Oh! le néant là, tout près, qui nous appelle et où nous serons demain...

* *
*

Il n'y a plus rien à faire et nous restons assis auprès de son lit.

Pendant ces heures de lourde attente, où l'esprit quelquefois s'endort et oublie, où il ne semble plus que celte pauvre tête blême et déjà presque sans pensée, qui est là, soit bien réellement celle de tante Claire, la bonne vieille tante si aimée, — mes yeux regardent par hasard les coussins qui la soutiennent... Celui-ci, aux dessins un peu fanés, fut brodé jadis par elle, — en surprise, je me souviens, pour un premier de l'an, à l'époque où cette approche des étrennes me transportait d'une telle joie enfantine, il y a vingt-cinq ou trente ans... Oh! le temps jeune que c'était!... oh! y revenir rien que pour une heure, rebrousser chemin à travers les durées accomplies, ou seulement s'arrêter un peu, ou seulement ne pas courir si vite à la mort...

Rien à faire. Nous nous tenons là près d'elle, et de temps à autre les petits nouveau-venus de la famille — les tout-petits qui vieilliront si vite — arrivent aussi, menés par la main ou au cou de leurs bonnes, un peu effarés sans savoir qu'il y a tant de quoi et les yeux anxieusement ouverts. Ils s'en souviendront même à peine, eux, de celle qui s'en va. — Dehors, il gèle à pierre fendre sous ce pâle soleil hyperboréal. — Et ma bien-aimée vieille mère, constamment dans le même fauteuil bien en face de sa sœur mourante, regarde tout le temps ce pauvre visage qui se décompose et s'anéantit, veut voir obstinément jusqu'à la fin cette compagne de toute sa vie qui, la première, s'en retourne à la terre. Et je l'entends dire tout bas, avec un accent de douce et sublime pitié : « Comme c'est long ! » — Cette chose qu'elle ne nomme pas et que nous connaîtrons tous, c'est l'agonie. Elle trouve que, pour sa sœur, c'est bien long, que rien ne lui est épargné. Mais elle en parle, elle, comme d'un passage vers un ailleurs radieux et très sûr; elle en parle avec sa foi tranquille que je vénère, qui est la seule chose au monde me donnant à certaines heures une espérance irraisonnée encore un peu douce.

*
* *

Toujours ce froid, si inusité dans nos pays qui, à la tristesse de cette attente de mort, ajoute une impression générale sinistre, comme celle d'un trouble cosmique, d'un refroidissement de la terre.

Vers trois heures du soir, dans la maison glacée, j'étais à errer, sans but, pour changer de place, sans savoir que faire et l'esprit distrait pour un moment; j'avais presque *oublié*, comme il arrive quand les attentes même les plus anxieuses se prolongent trop. Et j'étais par hasard tout en haut, dans la lingerie, d'où l'on apercevait au loin la campagne à travers les vitres tachetées de brouillard glacé, la campagne unie et morne sous un soleil rose de soir d'hiver...

Sur l'appui d'une des fenêtres, à l'extérieur, mes yeux rencontrèrent deux brins de laurier-rose dans une pauvre petite bouteille cassée qu'une ficelle retenait à un clou... Et tout à coup je me rappelai avec un déchirant retour... Il y a environ deux mois, quand c'était encore le bel automne lumineux et chaud, tante Claire se trouvant à passer en même temps que moi dans cette lingerie, m'avait dit, en me montrant cela : « Ce sont des boutures de laurier-rose que je vais faire. » Je ne sais pourquoi, dans la première minute, je m'étais senti attristé; cette idée de faire des boutures, quand il était bien plus simple d'acheter des lauriers tout venus, m'avait paru presque un enfantillage sénile. Mais ensuite ma pensée s'était reportée avec un attendrissement très doux vers le temps passé, vers le temps où nous étions pauvres et où l'activité, l'ordre, l'économie de maman et de tante Claire, suffisaient à donner encore bon aspect à notre chère maison; en ce temps-là, comme toujours du reste, c'était tante Claire qui avait la haute direction de nos arbres et de nos fleurs; elle faisait elle-même des boutures, des écussons, des semis au printemps, et trouvait le moyen, avec une dépense presque nulle, de rendre notre cour fleurie et délicieuse. — C'est une chose vraiment exquise que d'avoir été pauvre; je bénis cette pauvreté inattendue, qui nous arriva un beau jour, au lendemain de mon enfance trop heureuse, et nous dura près de dix années; elle a resserré nos liens, elle m'a fait adorer davantage les deux chères gardiennes de mon foyer; elle a donné du prix à mille souvenirs; elle a beaucoup jeté de charme sur ma vie; je ne puis assez dire tout ce qu'elle m'a appris et tout ce que je lui dois. Certainement il manque quelque chose à ceux qui n'ont jamais été pauvres; un côté attachant de ce monde leur reste inconnu.

Ces plantes, que nous achetons maintenant chez des jardiniers, elles sont pour moi impersonnelles, quelconques, je ne les connais pas; qu'elles meurent, je m'en moque. Mais les anciennes qui furent semées jadis ou greffées par tante Claire, pourvu que ce froid inaccoutumé ne me les tue pas !... Une frayeur m'en vient tout à coup; j'en aurais un surcroît de chagrin... Je vais recommander aux domestiques de rentrer toutes celles qui sont dans des pots, de leur faire du feu, d'y veiller avec plus de soin que jamais...

Et je regarde de plus près, à travers les vitres, ces deux brins de laurier-rose que secoue le vent du nord mortel ; ils sont déjà gelés et la glace a fait fendre la bouteille où ils trempaient; personne ne la plantera, ni ne la fera revivre, la pauvre dernière bouture laissée par tante Claire, et cela me déchire cruellement de la regarder, et les sanglots tout à coup me viennent, les premiers depuis que je sais qu'elle va mourir...

Puis, j'ouvre la fenêtre, je ramasse pieusement la bouture gelée, les débris de la bouteille, la ficelle qui l'attachait, et je serre le tout dans une boîte, écrivant, sur le couvercle, ce que cela a été, avec la date funèbre. — Qui sait entre quelles mains tombera cette petite relique ridicule, quand je serai moi aussi retourné à la terre !... Toujours cette dérision lamentable : aimer de tout son cœur des êtres et des choses que chaque journée, chaque heure travaille à user, à décrépir, à emporter par morceaux ; — et, après avoir lutté, lutté avec angoisse pour retenir des parcelles de tout ce qui s'en va, passer à son tour.

Le soir, tante Claire respire et parle encore, nous reconnaît, répond aux questions qu'on lui fait, mais d'une voix sourde, égale, sans inflexions, qui n'est plus la sienne. Elle est déjà à moitié dans l'abîme...

Je suis de garde à la caserne des matelots, où il me faut rentrer pour la nuit. Léo, qui vient m'y reconduire par les rues obscures et glacées, me dit en route, pendant notre trajet silencieux, seulement ces deux petites phrases si naïves en elles-mêmes, banales à force d'être simples, mais qui expriment précisément le genre de regret de mon passé lointain qu'en ce moment même j'éprouvais, qui sonnent le glas funèbre de toute l'époque matinale de ma vie : « Elle ne fera plus vos devoirs ni vos pensums, la pauvre tante Claire ;... elle ne travaillera plus à votre théâtre de *Peau d'Ane...* »

* * *

Nuit de garde passée sans sommeil dans cette caserne. Au dehors, grande gelée toujours, le froid persistant sous le ciel net et desséché. Dès que se lève le jour, j'envoie mon ordonnance prendre des nouvelles ; un mot au crayon qu'il me rapporte me dit que rien n'est changé ; tante Claire est encore là.

A la caserne, où je dois rester tout le jour, c'est aussi une fin qui s'opère, ajoutant sa toute petite tristesse à la grande. Par suite d'un ordre du ministre réduisant encore notre division, on désapproprie des locaux où les marins habitaient depuis Louis XIV, entre autres la vieille salle d'escrime, que j'aimais pour y avoir pris mes premières leçons d'armes, pour m'y être, pendant des années, rompu à tous les sports des matelots. Pêle-mêle, dehors, sur le sol gelé, sont jetés les masques, les paquets de fleurets, les bâtons et les gants de boxe, les vieux écussons et les vieux trophées. Et c'est encore presque un peu de ma jeunesse qui s'éparpille là par terre...

Vers quatre heures du soir, après une tournée de service en plein air dans les cours, rentrant dans cette chambre nue de l'officier de garde que j'habite encore jusqu'à demain, j'aperçois, posé sur ces laids et tristes rideaux jaunes du lit, un pauvre papillon qui bat des ailes comme pour mourir, — un grand papillon d'été et de fleurs, une « vanesse », dont l'existence en décembre, après cette série de froids excessifs,

inconnus dans nos pays, a quelque chose
d'anormal et d'inexpliqué ; je m'approche
pour le regarder : il est piqué par une
grosse épingle qu'on a enfoncée jusqu'à la
tête dans son petit corps affreusement crevé.
— C'est mon ordonnance qui a dû faire
cela, sans pitié comme les enfants. — Un
tremblement de douloureuse agonie agite
ses pauvres ailes encore fraîches... Dans les
états d'âme très particuliers, pendant les
anxiétés et les désespérances, de très insignifiantes petites choses s'agrandissent, ont des
dessous insondables, font mal et font pleurer. Voici que l'agonie de ce dernier papillon de l'été, dans cette chambre nue, un
soir d'hiver et de gelée, au reflet mourant
d'un terne soleil rose qui se couche, me
semble une chose infiniment mélancolique,
s'associe pour moi d'une façon mystérieuse
à l'autre agonie qui va venir... Et des larmes
— ces larmes plus amères que l'on verse

seul — m'obscurcissent à présent les yeux.

Oh! ce bel été passé, dont ce papillon est le dernier survivant, avec quel serrement de cœur je l'ai vu finir, je l'ai senti s'éteindre peu à peu au milieu des plantes jaunies, au milieu de nos treilles et de nos roses qui s'effeuillaient! J'avais si bien le pressentiment que ce serait le dernier des derniers pendant lequel il me serait donné de voir encore, parmi les fleurs de la cour, dans l'avenue verte, passer ensemble les deux chères robes noires pareilles!

*
* *

Il n'y a rien à faire pour ce papillon; il est doublement perdu, à cause du froid et à cause de ce trou qui lui traverse le corps; rien qu'à abréger sa fin. Je le prends, en lui faisant le moins de mal possible, et je le jette au milieu du brasier de la cheminée, où il est consumé instantanément, son âme exhalée en une fumée imperceptible..

* * *

Nuit de garde à la caserne, — pendant laquelle je crois entendre à chaque instant des pas dans l'escalier : quelqu'un qui viendrait de la maison m'annoncer que la mort a fait son œuvre.

* * *

Mercredi, 3 décembre. — Je finis le matin ma semaine de service. Toujours ce même temps de grande gelée, avec ce pâle soleil.

Dans cette chambre de tante Claire où, depuis trois jours, il semble qu'on sente physiquement l'approche de la mort, les choses ont encore leur même aspect d'attente. Et maman est dans le même fauteuil en face d'elle, la regardant s'en aller. Sur ce petit lit de fer, d'où elle ne veut plus qu'on l'enlève, très bas, très en vue et presque au milieu de l'appartement, tante Claire est couchée, se plaint, s'agite et souffre. De moins en moins elle se ressemble à elle-même, défigurée ; les coques de ses cheveux blancs, qu'on était habitué à voir si bien faites, à présent tout en désordre. Son image s'altère et s'efface sous nos yeux, même avant la fin. Puis elle nous reconnaît à peine et ne trouve plus pour répondre que cette voix sourde qui ne paraît pas lui appartenir. — Alentour, pourtant, sa chambre a conservé son aspect accoutumé, avec toujours, aux mêmes places, les mêmes petits objets que du temps de mon enfance, et, quand j'arrive à bien me représenter que c'est la tante Claire d'autrefois, ce pauvre débris déjà méconnaissable, condamné sans espérance, je sens un envahissement de tristesse qui est comme une tombée de nuit d'hiver sur ma vie, — avec aussi une inquiétude de ne lui avoir peut-être pas assez témoigné combien je l'aimais.

*
* *

Le médecin déclare le soir qu'elle ne passera pas la nuit, qu'il n'y a plus absolument, rien à essayer ni à espérer; on pourra seulement lui éviter un peu la souffrance, avec de la morphine. Sur ce petit lit de hasard, elle est aux prises avec le grand mystère d'épouvantement; elle va finir sa vie qui fut sans joie même aux heures de jeunesse, qui fut toujours humble et effacée, sacrifiée à nous tous.

Dans la maison entière, dans les appartements, dans les escaliers, il fait, cette nuit, un froid qui pénètre jusqu'aux os, qui resserre l'esprit et le tient figé davantage dans l'unique pensée de la mort. On dirait que le soleil s'éloigne de nous pour jamais, comme la vie, — et ces plantes que tante Claire soignait depuis tant d'années dans notre cour vont sans doute aussi mourir.

Vers dix heures, maman, après l'avoir embrassée, consent à la quitter et à descendre se reposer dans une chambre éloignée où elle trouvera plus de silence; elle se laisse emmener par notre fidèle Mélanie — qui est d'une race de vieux serviteurs dévoués, devenus presque des membres de la famille. Avant de partir, cependant, elle a préparé, avec ce courage tranquille, ce besoin d'ordre qui a présidé à toute sa vie, les choses blanches qui doivent servir à la dernière toilette. Moi, qui n'ai jamais vu mourir qu'au loin, sans apprêts, dans des ambulances ou sur des navires, je me sens étonné et glacé par mille petits détails qui m'étaient tout à fait inconnus...

On tient conseil à voix basse pour cette veillée suprême; il est convenu qu'on laissera, cette nuit, dormir les domestiques; ce sont ses nièces qui resteront là ensemble. Je coucherai tout à côté, dans la chambre arabe, et, quand le moment de l'agonie sera venu, elles me réveilleront. Elles ne frapperont pas à ma porte, de peur que maman, d'en bas, dans le silence de la nuit, n'entende et ne comprenne. Non, elles frapperont à certain point du mur qui est voisin de ma tête — et où précisément tante Claire elle-même avait jadis si souvent cogné avec une canne, de grand matin, à des heures toujours exactes de sa grande pendule, quand j'avais quelque corvée au petit jour ou quelque départ; je me fiais beaucoup plus à elle qu'à mon domestique dormeur, — et elle acceptait volontiers cette charge, comme autrefois celle de coiffer les nymphes et les fées de *Peau d'Ane* ou de me faire réciter l'*Iliade*, comme en général toutes les missions que ma fantaisie imaginait de lui confier...

* *

Jeudi 4 décembre. — La même nuit, vers deux heures du matin, après quelques moments de ce sommeil particulier que l'on a lorsque plane une angoisse, une attente de malheur ou de mort, je m'éveille, frémissant d'une sorte d'horreur glacée : on a frappé derrière ce mur, — qui, de ce côté-ci, ressemble à celui de quelque lointaine mosquée blanche, dépayse l'esprit, mais qui, de l'autre, donne dans l'alcôve de tante Claire. Or, j'ai compris presque avant d'avoir entendu ; j'ai compris avec la même épouvante que si la mort elle-même, de l'os de son doigt, eût frappé ces petits coups inexorables dans cette alcôve...

Et je me lève en hâte, dans la nuit de gelée, les dents claquant de froid, pour courir où l'on m'appelle...

*
* *

Là, c'est la fin, la sombre lutte de la fin. Cela dure encore quelques secondes à peine ; à travers le trouble du réveil, je vois cela comme dans un cauchemar angoissant... Puis la molle immobilité survient, l'apaisement suprême. — Oh ! l'horreur de cet instant, l'effroi de cette pauvre tête, si vénérée et si aimée, qui retombe enfin sur son oreiller pour jamais...

Maintenant, il faut faire les plus pénibles choses, s'acquitter des plus effroyables soins. Celles qui sont là décident de s'en charger elles-mêmes, sans vouloir que les domestiques s'en mêlent, ni seulement les assistent. Et, jusqu'à ce qu'elles aient fini, je me retire pour attendre dans l'antichambre glaciale, transi d'un froid mortel qui n'est pas seulement physique, qui est aussi un froid d'âme, pénétrant jusqu'aux tréfonds de moi-même. Dans cette antichambre de tante Claire, il y a ces objets familiers que j'ai connus là toute ma vie, mais qu'en cet instant je ne peux plus regarder : ils embrument mes yeux de larmes... Il y a certain petit pupitre à elle, certains petits livres et une bible, posés là sur une table ancienne; puis surtout, dans un coin, sa propre chaise d'enfant, rapportée de l'*île*, conservée depuis soixante-dix ou soixante-quinze années et dans laquelle, étant tout petit, je venais m'asseoir près d'elle, — essayant de me représenter l'époque si reculée, presque légendaire et merveilleuse à mes yeux d'alors, où dans cette île d'Oléron, tante

Claire avait été elle-même une petite fille...

Quand c'est fini, la suprême toilette, on me rappelle. Alors nous prenons à deux le pauvre corps, maintenant calme et en vêtements blancs, pour l'enlever de l'affreux petit lit de souffrance, qui avait pris, malgré tout ce qu'on avait pu faire, un aspect de grabat, et le porter sur le grand lit, tout blanc et immaculé.

Puis nous commençons, à travers la maison noire et glacée, un va-et-vient étrange, sans éveiller les domestiques, sans bruit pour que maman n'entende rien ; emporter pièce par pièce le lit de mort, toutes les choses sombres qui n'ont plus de raison d'être, charroyer nous-mêmes cela au fond de la maison, dans un chai, traversant vingt fois la cour où commence à tomber une pluie d'hiver plus froide que de la vraie neige. Il est environ trois heures du matin ; nous avons l'air de faire je ne sais quoi de clandestin et de criminel; nous accomplissons du reste des besognes dont nous n'avions aucune idée jusqu'à cette nuit, étonnés de le pouvoir sans plus de peine ni de dégoût, soutenus par une sorte de pudeur vis-à-vis des gens de service, par une sorte de sentiment pieux qui s'étend à de très petites choses...

Revenus maintenant près du lit où nous l'avons couchée, nous enlevons, avec une anxieuse crainte, ce bandeau funèbre que, dans les premières minutes, on met aux morts, — et le visage réapparaît, immobilisé dans une expression déjà rassérénée, plus du tout pénible à voir.

Elles entreprennent maintenant de recoiffer tante Claire, de refaire pour la dernière fois ses vénérables boucles blanches dont elle était si soigneuse pendant sa vie. Et, sitôt que cette coiffure est terminée, la blancheur des cheveux encadrant le front pâle, c'est une transformation complète, surprenante ; le cher visage que, depuis tant de jours, nous n'avions plus vu que contracté par la douleur physique, s'est transfiguré absolument ; tante Claire a pris une expression de paix suprême, une distinction tranquille avec un vague sourire très doux, un air de planer au-dessus de toutes choses et de nous-mêmes. C'est apaisant et consolant de la voir ainsi, dans cet apparat blanc comme neige, dans cette majesté tout à coup survenue — après tout l'horrible de ce petit lit sur lequel elle avait voulu rester pour mourir....

Toujours sans bruit, montant et descendant comme des fantômes, nous allons chercher maintenant tout ce qu'il y a de fleurs dans la maison par ces temps de gelée : des bouquets de chrysanthèmes blancs, qui étaient en bas dans le grand salon ; des bouquets très odorants de fleurs d'oranger, venus du jardin de Léo en Provence; puis des primevères, — et nous coupons aussi, pour les jeter sur les draps, les palmes d'un cyca auxquelles nous attachions une valeur de souvenir parce que, contrairement à l'habitude des cycas annuels, elles avaient résisté quatre étés durant, à l'ombre, dans notre cour.

La figure continue de s'affiner, de s'embellir dans une pâleur de cire vierge; jamais morte ne fut plus douce à regarder, et nous pensons que les tout petits enfants de la famille, même mon fils Samuel, pourront très bien entrer demain pour lui dire adieu.

Avant de descendre chez ma mère, pour gagner du temps, pour retarder encore le moment de tout lui dire, nous décidons de mettre dans un ordre parfait la chambre entière; ainsi, quand elle montera revoir sa sœur, l'aspect des choses alentour n'aura plus rien de pénible, sera plus en harmonie avec le visage infiniment calme qui repose sur l'oreiller blanc. Nous ferons tout cela nous-mêmes, comme le reste; de cette façon, aucune trace de la lutte de cette nuit ne demeurera apparente pour ceux qui n'y ont pas assisté. Dans le même silence toujours, marchant sur la pointe des pieds, nous nous remettons à l'œuvre, avec un besoin d'activité qui est peut-être un peu fiévreux : comme des domestiques, nous voici encore emportant des plateaux, des tasses, des remèdes, tout l'attirail de la maladie et de la mort ; puis nous ouvrons les fenêtres au vent glacé de la nuit, nous brûlons de l'encens, — et je me rappelle avoir balayé moi-même les tapis, trouvant plaisir, en ce moment, à faire pour elle n'importe quelle plus humble besogne.

Cinq heures du matin sonnent quand tout est terminé, dans un ordre parfait, et les fleurs arrangées. Une petite lampe d'argent, placée d'une certaine façon, tamise, à travers un abat-jour, de la lumière rosée sur le visage mort qui achève de se transfigurer radieusement. Tante Claire est devenue jolie, jolie comme jamais nous ne l'avions vue dans sa vie; l'expression de paix suprême et triomphante semble s'être fixée pour toujours comme dans du marbre. Son visage actuel est plutôt une représentation idéale d'elle-même, dans laquelle, en régularisant tous les traits, on n'aurait conservé que le charme de douceur et de bonté reflété au dehors par son âme. Et ces palmes vertes, posées en croix sur sa poitrine, ajoutent à la tranquille majesté inattendue de son aspect.

. . . .

Allons, maintenant, plus de prétexte pour attendre ; il faut se décider à prévenir ma mère, lui dire comment tout s'est passé et quelles choses nous avons faites. — Pour arriver à sa chambre, il y a un long dé-

tour à prendre, par le rez-de-chaussée, à
cause de mon fils qui dort son sommeil léger de tout petit enfant, — et je trouve
interminable notre trajet silencieux, une
lampe à la main, à cette heure inusitée,
dans les appartements, les escaliers, qui se
succèdent froids et noirs.

C'est horriblement pénible d'apporter un
tel message... Dès le premier coup, frappé
bien doucement à la porte, avant que Mélanie ait eu le temps de se lever pour ouvrir, la voix de maman, qui devine pourquoi nous venons, demande, dans ce silence
de la nuit, très vite, avec une intonation
pressée d'angoisse :

— C'est fini, n'est-ce pas ?...

*
* *

Le jour d'hiver se lève enfin, bien pâle,
beaucoup moins froid que les jours précé-

dents, attiédi par cette neige fondue qui est tombée, la nuit.

Dès le matin, les domestiques vont de côté et d'autre annoncer la fin à nos amis. On apporte des bouquets, des couronnes de tristes fleurs d'hiver, dont le lit se recouvre peu à peu, en attendant les roses de Provence commandées par dépêche. On vient de photographier le tranquille visage de cire encadré de boucles blanches, qui demain aura disparu pour l'éternité : l'image qu'on va en faire le fixera pour quelques années encore, — pour quelques instants de plus, d'une insignifiante durée dans la suite infinie du temps... Des amis montent et descendent ; la maison est pleine d'une agitation particulière, sourde, à pas étouffés — et tante Claire, au milieu de ses fleurs, fait toujours, toujours son même sourire de triomphante et inaltérable paix.

Ma toute petite nièce, de cinq ans, qu'on

a amenée auprès de ce lit, exprime ainsi son impression à sa plus petite sœur, qui n'est pas montée encore : « On vient de me faire voir tante Claire, en ange, qui partait pour le ciel. »

Je me rappelle aussi cette scène avec Léo... Depuis tantôt quatre ans, il était son voisin à table ; ils avaient ensemble de petits mystères, même de petites querelles comiques — surtout à propos d'une certaine paire de ces ciseaux courts pour les broderies qu'on appelle des *monstres*. Lui, inventait mille prétextes, plus saugrenus les uns que les autres, pour avoir très souvent besoin de ces petits monstres et venir les emprunter à tante Claire, qui les lui refusait toujours avec indignation. Une seule et unique fois elle les lui avait confiés, — le soir où il avait été reçu capitaine. Ce jour-là, elle les avait glissés elle-même en surprise sous sa serviette à table, pour exécuter une promesse ancienne : « Le jour où vous serez reçu, je vous les prêterai, si jusque-là vous êtes sage. » — Et ce matin, quelqu'un ayant prononcé devant lui ce nom des « petits monstres », il éclate en sanglots...

***

Je vais au cimetière, au soleil de midi, pour les dispositions à prendre au sujet du caveau et de la cérémonie de demain. Un temps doux, après ces grands froids passés ; un soleil trompeur, jouant la lumière d'été. Je crois que les ciels sombres sont moins mélancoliques, en décembre, que ces demi-soleils, qui chauffent vers le milieu du jour pour faiblir de très bonne heure devant l'humidité et les brouillards. Dans ce cimetière ensoleillé, presque riant, où des milliers de couronnes de perles jettent de fraîches couleurs sur les tombes, je me laisse distraire par instants, l'esprit détendu ; puis, tout à coup, me reprend un souvenir de mort, je me rappelle que je suis venu là pour faire préparer la place d'anéantissement destinée à tante Claire.

*
* *

La nuit vite revenue, on se dispose pour la dernière veillée. Je regarde longuement, avant de me retirer, la figure sereine de tante Claire, cherchant à fixer en moi cette suprême image d'elle, qui est si consolante et si jolie.

Cet arrangement, ces fleurs sur ce lit, tout cela est tel que je l'avais souhaité, et tel que je l'avais, pour ainsi dire, vu par avance avec une tristesse anticipée.

Mes souvenirs d'enfance me reviennent ce soir avec une netteté rare. Ils me reviennent pour l'adieu sans doute, car il est certain que tante Claire en emporte une grande partie avec elle dans la terre...

Vers mes huit ou dix ans, j'avais un bengali que j'aimais beaucoup. Je savais sa petite existence très fragile et j'avais eu cette précaution singulière de préparer de longue date tout ce qu'il faudrait pour l'ensevelir : une petite boîte de plomb rembourée de ouate rose et un mouchoir de batiste à tante Claire comme drap de deuil. J'aimais ce petit oiseau d'une affection étrange, exagérée comme étaient beaucoup de mes sentiments d'alors; longtemps à l'avance, je m'étais représenté qu'un jour viendrait où il faudrait coucher le bengali dans cette boîte et où je verrais la cage, devenue silencieuse, occupée par le tout petit cercueil recouvert de son drap blanc. — Un matin, comme on venait de me ramener du collège, tante Claire, qui m'avait guetté par une fenêtre, me prit à part pour m'annoncer, avec des précautions, que l'oiseau avait été trouvé mort, tombé sans cause connue. — Je le pleurai et l'ensevelis comme j'avais depuis longtemps projeté. Puis, jusqu'au surlendemain, je laissai dans la cage le cercueil en miniature couvert du fin mouchoir, et je ne pouvais me lasser de la contemplation triste de cela — qui *était la réalité d'une chose depuis longtemps redoutée et imaginée à l'avance absolument sous le même aspect.*

Il en est un peu ainsi ce soir. Depuis ces derniers hivers, voyant de plus en plus tante Claire s'affaiblir et vieillir, j'avais eu la vision de son lit de mort, de sa toilette dernière, de ses boucles blanches ainsi refaites et de beaucoup de fleurs jetées sur elle. Ce soir, je contemple la réalité d'une chose que j'avais redoutée et prévue absolument telle qu'elle devait être, avec la certitude de son accomplissement inexorable...

* *

Vendredi 5 décembre. — Grand froid revenu, sous un ciel bas, obscur, funèbre. Jamais, depuis que suis au monde, pareil hiver n'avait passé sur notre pays. De nouveau, on a ces vagues impressions de fin de tout, de destruction sous la glace envahissante. Et puis l'esprit se resserre, par des temps semblables, se concentre encore davantage sur la pensée dominante du moment — qui, pour nous tous, est la pensée de la mort.

J'avais peur de ce que serait le visage de tante Claire, ce matin au jour. Une nuit de plus aurait pu nous le changer, et nous avions décidé de le recouvrir s'il avait cessé d'être agréable à voir...

Après quelques heures de sommeil, je vais anxieusement le regarder... Mais non, pas un affaissement dans les traits pâles;

on dirait plutôt que l'ensemble s'est rajeuni, poli et affiné encore. Et l'expression de paix et de triomphe, le mystérieux sourire doux, restent toujours identiquement les mêmes, comme décisifs et éternels. Nous aurions pu la conserver et la regarder une journée de plus, si tout n'était commandé pour aujourd'hui.

* * *

Il y a mille préparatifs à faire, qui empêchent de penser. Les paniers de roses et de lilas de Provence viennent d'arriver de la gare, et c'est presque un enchantement de les ouvrir; le lit, où tante Claire sourit si doucement, est bientôt couvert de toutes ces nouvelles fleurs...

Maintenant on apporte cette chose lourde et banalement sinistre que je n'avais encore jamais vue entrer dans notre maison, —

ayant toujours été au loin sur mer quand la mort nous avait visités, — un cercueil.

Et l'heure est venue d'accomplir la plus cruelle besogne: coucher tante Claire dans ce coffre et refermer sur elle le couvercle, pour jamais!...

Avant, il y a le départ de ma mère, que nous avons suppliée de quitter cette chambre pour ne pas voir...

Oh! le chagrin des personnes très âgées, le chagrin des vieillards qui n'ont presque pas de larmes, c'est, avec le chagrin des petits enfants à l'abandon, celui qui me fait le plus de mal à regarder. Et, en ce moment, il s'agit de ma propre mère, de son chagrin à elle; je crois que jamais rien ne m'a déchiré comme son baiser d'adieu à sa sœur et l'expression de ses yeux quand elle s'est retournée sur le seuil pour apercevoir encore, une suprême fois, cette compagne de toute sa vie; jamais ma révolte n'a été plus irritée et plus sombre contre tout l'odieux de la mort...

* * *

Nous l'ensevelirons nous-mêmes, sans qu'elle soit touchée par aucune main étrangère, même pas par ces domestiques fidèles qui sont presque des nôtres.

C'est fait très vite, comme automatiquement...

Du reste, il y a là beaucoup de monde, des porteurs, des ouvriers venus pour souder le lourd couvercle, et leur présence neutralise tout. C'est fini, le visage de tante Claire est voilé à jamais, évanoui dans la grande nuit des choses passées...

Le cercueil s'en va; on l'emporte en bas dans la cour. Elle est partie pour l'éternité, de cette chère chambre, où, toute mon enfance, j'étais venu chercher ces gâteries à elle, que rien ne lassait, — et où il semblait que sa présence eût apporté un peu du charme de « l'île », un peu de la vie antérieure de nos ancêtres de là-bas...

Dans la cour, sur des bancs recouverts de verdure, on l'a placée à l'abri d'une tente; par terre, une jonchée de feuillages et, alentour, des arbustes verts. Je fais enlever en hâte tout ce que le rude mois de décembre a détruit à nos espaliers, couper les branches gelées, arracher les feuilles mortes. Pour la dernière fois qu'elle est là, dans cette cour où elle avait jardiné toute sa vie, où chaque plante et même chaque imperceptible mousse devait si bien la connaître, je veux que tout fasse, malgré l'hiver, une toilette pour elle.

De la cérémonie, du convoi, sur lequel tombe une neige fondue, je me souviens à peine. En public, on devient presque inconscient, comme à un enterrement quelconque. — On retient seulement, parmi tant de manifestations extérieures de sympathie, un regard, une poignée de main qui ont été vraiment bons.

Mais le retour!... La maison revue sous ce ciel noir de décembre, sous cette pluie glacée, par ce crépuscule funèbre; la maison en désordre, piétinée par la foule, avec la jonchée de branches vertes qui traîne dans la cour — et l'odeur des substances employées pour les morts qui reste vaguement dans les escaliers où le cercueil a passé.

Puis le dîner du soir, le premier dîner qui nous rassemble tous, tranquilles maintenant, sans préoccupation d'aller et venir dans la chambre de la malade; le premier dîner qui recommence le train de vie d'autrefois — avec une place éternellement vide au milieu de nous.

Et enfin la première nuit qui suit cette journée!...

Couché dans la « chambre arabe », j'ai

constamment, à travers mon demi-sommeil fatigué, l'impression obsédante, infiniment triste, du silence inusité qui s'est fait de l'autre côté du mur, — et pour jamais, — dans la chambre de tante Claire. Oh! les chères voix et les chers bruits protecteurs que j'entendais là depuis tant d'années, à travers ce mur, quand le silence de la nuit s'était fait dans la maison! Tante Claire ouvrant sa grande armoire qui criait sur ses ferrures d'une façon particulière (l'armoire où est remise pour toujours l'Ours aux pralines); tante Claire échangeant à haute voix quelques mots, que j'arrivais presque à distinguer, avec maman couchée plus loin dans la chambre voisine : « Dors-tu, ma sœur? » Et sa grosse pendule murale — aujourd'hui arrêtée — qui sonnait si fort; cette pendule qui fait tant de bruit quand on la remonte et qu'il lui arrivait quelquefois, à notre grand amusement, de remonter

elle-même avant de s'endormir, au coup de
minuit,—si bien que c'était devenu une plaisanterie légendaire à la maison, dès qu'on
entendait quelque tapage nocturne, d'en accuser tante Claire et sa pendule... Fini, tout
cela, éternellement fini. Partie pour le cimetière, tante Claire, — et maman, sans
doute, préférera ne plus revenir habiter la
chambre voisine de la sienne; alors, le silence s'est fait là pour toujours. Depuis tant
d'années, c'était ma joie et ma paix, de les
entendre toutes deux, de reconnaître leurs
chères bonnes vieilles voix, à travers ce mur
rendu sonore par la nuit... Fini, à présent;
jamais, jamais je ne les entendrai plus...

**

Endormi enfin, cette nuit de deuil, après
la fatigue extrême et le surmenage de ces
jours, je rêve les choses que je vais essayer de

conter et qui sont tout imprégnées de mort.

Cela se passait à la maison; nous étions réunis dans la salle gothique, le soir. Ce devait être l'heure du coucher du soleil, car de grands rayons rouges nous arrivaient de l'ouest, à travers les rideaux et la dentelure des ogives; pourtant, il faisait plus sombre, plus confus, comme aux fins de crépuscules. Il y avait dans cette salle une désolation de ruine : des murs lézardés, des fauteuils tombés, des meubles comme effondrés de vermoulure, des débris dans de la poussière. Mais nous étions insouciants de ce désordre, — précurseur de je ne sais quelles autres destructions ne pouvant être conjurées; nous restions groupés sur les stalles, immobiles, dans une attente résignée de fin de monde.

Et maintenant, on commençait à voir, par le mur entr'ouvert, les ruines entassées des maisons du voisinage et, au delà, l'horizon monotone de la campagne, jusque vers Martrou et la Limoise; de grandes plaines, sur lesquelles posait le disque rouge du soleil couchant, nous envoyant toujours ses longs rayons de soir... Les formes et les figures de ceux qui attendaient là avec moi restaient indécises, d'aspect très fantôme; à part ma mère, que je reconnaissais bien, les autres?... peut-être des ancêtres jamais vus, de l'île d'Oléron, ou des descendants n'ayant pas encore existé; des êtres de la famille, c'est tout ce que j'en savais; des enfants d'une même branche humaine, mais sans époque ni personnalité précises... Nous étions sous l'impression de la mort de tante Claire, mais cette impression s'amoindrissait de la conscience que nous avions de la fin de tout et de nous-mêmes; le regret de ce qu'elle était perdue se diffusait dans une plus universelle mélancolie d'anéantissement. Et ce soleil, qui se couchait si tranquille, comme assuré d'une durée encore illimitée, nous le regardions avec une sorte de haine... Alors, une des mains de ces demi-fantômes qui étaient là avec moi se tendit vers lui, le doigt indicateur levé vers son disque comme pour le maudire, et une voix commença de proférer des paroles qui nous semblaient dévoiler des vérités inconnaissables, en même temps qu'elles étaient l'expression même de notre plainte à tous, de notre révolte, jusque-là muette, contre le néant inévitable et prochain.

Les paroles que la voix prononça, retrouvées ensuite au réveil, se suivaient incohérentes et dénuées de sens; là, au contraire, elles m'avaient paru d'une profondeur apocalyptique, formulant des révélations supérieures... Dans le rêve, peut-être est-on plus lucide pour les mystères, plus capable de pénétrer dans les dessous insondés des origine et des causes...

De toutes les phrases que la voix avait proférées contre le soleil, cette dernière seulement a gardé un sens, du reste banal et ordinaire, pour mon esprit réveillé : « ... Le même, toujours le même !... Le même qui s'est couché à cette place, sur ces mêmes plaines, il y a des années, des siècles et des millénaires, aux âges antédiluviens, quand il s'agissait d'éclairer les bêtes de ces temps-là, les mammouths ou les plésiosaures... » Et ce nom de plésiosaure sur lequel la voix s'était tue, avait vibré étrangement, prolongé dans le silence comme un appel évocateur des monstruosités et des épouvantes originelles ; la plaine crépusculaire, au son de ce mot qui traînait lugubre, s'était agrandie devant nous démesurément, avec toujours ce même terne soleil au fond de son horizon immense ; la plaine avait repris son aspect antédiluvien, sa désolation et sa nudité rudimentaire des époques disparues...

Et des choses inexplicables commençaient aussi à s'accomplir autour de nous. Au fond de la salle, dans la partie obscure, la porte de ce « musée » — où jadis mon esprit d'enfant avait été initié à la diversité infinie des formes de la nature — s'était ouverte, sur la galerie haute où elle donne, et des bêtes commençaient à en sortir : les vieilles bêtes empaillées, dont quelques-unes, rapportées par des marins d'autrefois, se dessèchent depuis si longtemps dans la poussière...

Lentement, l'une après l'autre, les bêtes sortaient ; du reste, il n'y avait plus ni époque, ni durée, ni vie, ni mort, et, dans cette grande confusion, rien n'étonnait...

Les oiseaux, sortis des vitrines, venaient un à un, sans bruit, se poser sur les créneaux de la haute cheminée — et je reconnaissais surtout les plus anciens, ceux qu'on m'avait donnés les premiers, *quand j'étais enfant* : c'est étrange comme, aux instants de fatigue ou de douleur, de très grande surexcitation nerveuse quelconque, ce sont toujours les impressions d'enfance qui reparaissent et qui dominent tout...

Les papillons aussi, les papillons morts depuis tant d'étés, avaient fui leurs épingles et leurs cadres de verre pour venir voler autour de nous, dans l'obscurité de plus en plus envahissante. Et il y en avait un surtout que je regardais approcher avec un sentiment de crainte indéfinie, — un certain papillon jaune pâle, le « *citron-aurore* », qui est mêlé pour moi à tout un monde de souvenirs ensoleillés et jeunes. Il venait de reprendre comme les autres sa vie légère, mais ses ailes avaient le tremblement d'agonie de celui que j'avais trouvé, trois ou quatre jours auparavant, piqué aux rideaux de mon lit de caserne. Et je m'écartais de lui avec respect pour ne pas gêner son vol, m'étonnant même de voir que les autres formes humaines présentes ne s'écartaient pas comme moi ; car ce papillon était maintenant devenu une sorte d'émanation de tante Claire, un peu d'elle-même, — peut-être son âme errante...

*
* *

Le lendemain, un rêve me revint encore dans ce même sentiment de la fin de toutes choses, mais avec déjà moins de révolte et d'horreur.

Je rêvai cette fois qu'après de longs voyages sur mer, je revenais au logis familial, ayant vieilli beaucoup et portant chevelure grise. A travers le même demi-jour crépusculaire, je revoyais les choses de tout temps connues, mais nullement dérangées, en ordre comme dans les demeures vivantes

— malgré cette anxiété de mort qui continuait de planer...

J'arrivais seul, attendu par personne, après une absence qui avait tant duré. Je trouvai ma mère qui montait lentement l'escalier obscur, âgée et affaissée comme je ne l'avais jamais vue ; nous nous rencontrâmes sans rien nous dire, unis dans cette même anxiété silencieuse. La prenant par la main, je la menai chez moi, dans le salon arabe, où je la fis asseoir et m'assis par terre près d'elle. Puis, attiré par je ne sais quel pressentiment inquiet vers la porte restée ouverte, j'allai jeter les yeux sur l'escalier ; je sortis même, hésitant dans ce crépuscule sinistre, pour essayer de voir jusqu'en bas, si personne ni rien ne montaient après nous... La chambre de tante Claire, qui donne aussi sur ce vestibule, était ouverte, éclairée par une sorte de lueur jaune d'astre couchant ; j'y entrai, pour regarder... Et là, me retournant, je la vis elle-même derrière moi, réapparue sans bruit, avec de bons yeux souriants, très tristes. Je n'en eus aucune frayeur; je la touchai seulement pour m'assurer si elle était bien aussi réelle que moi; ensuite, la prenant par la main et toujours sans parler, je l'emmenai dans le salon arabe, vers maman, à qui je dis seulement avant d'entrer : « Devine qui je te ramène..... » Quand elles furent assises toutes deux, et moi à leurs pieds, je les pris de nouveau par les mains pour les bien tenir, les empêcher de s'éteindre avant moi, n'ayant toujours pas trop confiance dans leur réalité ni leur durée... Et nous restâmes un long moment ainsi, immobiles et sans paroles, avec la conscience, non seulement d'être seuls dans la maison déserte, mais seuls aussi dans toute la ville abandonnée aux spectres, comme après une longue évolution des temps n'ayant épargné que nous trois. D'ailleurs nous savions aussi que nous allions disparaître, nous anéantir... Et je me disais, avec une désespérance suprême : j'ai pu fixer un peu de leurs traits dans des livres, les révéler l'une et l'autre à quelques milliers de frères inconnus — aussi angoissés que moi-même par la perspective de la mort et de l'oubli ; mais ils sont passés, tous ceux qui m'ont lu, tous ceux de ma génération, et, à présent, c'est fini même de cette sorte de vie factice que je leur avais donnée à toutes deux dans le souvenir des hommes ; c'est fini d'elles, fini de moi ; notre trace même va être effacée, perdue dans l'absolu néant...

***

Mars 1891. — Déjà plus de trois mois que tante Claire nous a quittés...

Presque au lendemain de sa mort, je suis brusquement parti, laissant la maison encore dans le désarroi sinistre, et le pays dans le froid sombre du grand hiver; je m'en suis allé retrouver le soleil et la mer bleue, appelé au loin par mon métier de marin.

Et je suis revenu hier, en congé de quelques heures, par un temps déjà printanier, très lumineux, très doux. J'ai été presque attristé de l'ordre parfait rétabli partout, de la tranquillité insouciante des choses... Le temps a passé, l'image de tante Claire s'est éloignée.

Un soleil chaud, un peu hâtif, surprenant, a recommencé d'égayer notre cour, que j'avais quittée encore toute transie de ces froids noirs — avec les branches vertes de la jonchée funéraire encore entassées dans un coin sous de la neige. Plusieurs de nos plantes sont mortes, de celles que tante

Claire soignait et auxquelles je tenais à cause d'elle; on les a remplacées par d'autres, apportées en hâte avant mon arrivée... Même dans cette cour, qui avait été son domaine, la trace de son bienfaisant et doux passage sur la terre aura bientôt disparu.

**

Nous allons tous ensemble au cimetière, faire visite au caveau où elle dort, murée dans des pierres neuves. Le plus joyeux soleil printanier joue sur nos vêtements noirs. Le cimetière secoue, lui aussi, la torpeur de cet hiver long et mortel : les plantes, dont les racines touchent aux morts, bourgeonnent doucement et vont revivre.

Il semble presque que nous venons là voir une tombe déjà ancienne, avec un commencement d'oubli.

※

Au retour, j'entre dans sa chambre; les fenêtres sont ouvertes au vent tiède de printemps, et là encore règne un ordre parfait, avec je ne sais quel air de gaieté et de rajeunissement que je n'attendais pas. Sa présence est remplacée par un grand portrait tout fraîchement peint, qui fixe un peu de son expression et de son bon sourire ; mais cette image, enchâssée dans cet or trop neuf qui se ternira, mon fils Samuel ne saura même pas qui elle représente, si on ne prend soin de le lui expliquer; après moi, elle deviendra, comme tous ces portraits d'ascendants que personne ne connaît plus, une chose simplement respectable, que l'on regarde à peine.

J'ouvre sa grande armoire. Là, les menus objets qu'elle touchait chaque jour ont été classés religieusement, rangés par ma mère d'une façon définitive, et, derrière différentes petites boîtes de forme démodée auxquelles elle tenait beaucoup, l'*Ours aux pralines* m'apparaît dans un coin... Tout cela restera immobile, sur ces étagères qui ne bougeront pas, dans cette chambre où personne n'habitera plus, — jusqu'à l'heure de je ne sais quelles profanations qui finiront tout, plus tard, quand je serai mort...

Je retourne chez moi, dans mon cabinet de travail et, accoudé à ma fenêtre ouverte, en fumant une cigarette d'Orient, je regarde, comme depuis des années, la rue familière, le quartier qui ne change pas.

De tout temps, j'ai beaucoup songé et médité à cette même fenêtre, par les longs soirs de juin surtout, — et je voudrais bien que jusqu'à ma mort on ne dérangeât pas l'aspect des vieux toits d'alentour; je m'y suis attaché, bien qu'ils soient probablement si banals et quelconques pour ceux qui n'y retrouvent pas de souvenirs. — A chacun de mes séjours au foyer, pendant toutes ces différentes phases de ma vie, qui se sont superposées si vite, j'ai passé ici des instants de rêve, des heures nostalgiques, à me rappeler et à regretter mille choses d'Orient ou d'ailleurs. Et, dans ces ailleurs, ensuite, au milieu de leurs mirages, je regrettais par instants cette fenêtre... Le petit Samuel, mon fils, a commencé d'y venir, lui aussi, apporté au cou de sa bonne; plus d'une fois déjà il a promené, d'ici même, sur le voisinage, son petit œil étonné et peu conscient. Après moi, peut-être, aimera-t-il ce lieu à son tour.

Il y fait délicieusement beau aujourd'hui ; le ciel est bleu, le vent passe sur ma tête, tiède comme un vent d'avril; on

sent le printemps partout; on entend déjà
le chalumeau des meneurs de chèvres qui
viennent d'arriver des Pyrénées; puis voici
ces trois musiciens ambulants, qui, chaque
été, reparaissent et rejouent leurs mêmes
airs; les voici installés à leur poste sur le
trottoir d'en face, prêts à recommencer leur
musique des belles saisons passées... Et, en
ce moment, je me laisse prendre un peu à
toute cette gaieté-là, à des lendemains de
soleil que j'aurai peut-être, à de la vie que
je sens encore en avant de moi...

Mes yeux se portent maintenant sur la
fenêtre la plus voisine de la mienne — une
de celles de chez tante Claire — qui est à
demi fermée et où je vois, par l'ouverture
en tuile des persiennes, passer la petite tête
odorante d'un vigoureux brin de réséda.
(Le réséda était la fleur choisie de tante
Claire; je lui en ai connu presque en toute
saison, dans sa chambre, — et maman sans

doute en aura conservé la tradition fidèlement, comme si elle était là encore.)

Ces deux ou trois derniers étés, elle se tenait souvent derrière ses persiennes ainsi entre-bâillées, ayant un peu renoncé, par fatigue, à tous ces ouvrages qui l'occupaient depuis plus d'un demi-siècle; nous l'apercevions donc généralement là près de nous; elle nous disait bonjour d'un sourire, pardessus ses éternels résédas fleuris, dans les moments où nous quittions, Léo et moi, nos tables de travail — lui, ses livres de mathématiques, moi, les feuillets où je m'efforçais de fixer d'insaisissables choses emportées à mesure par le temps, — pour nous reposer à la fenêtre, nous amuser à regarder de haut les passants, les chats en contemplation sur les toits et les martinets en vertige dans l'air...

C'est que, pour tout dire, je tiens à mes passants aussi, — et j'y tiens d'autant plus qu'ils sont plus vieux dans notre voisinage. J'aime non seulement ceux qui, à l'occasion, lèvent la tête pour me faire un signe de connaissance ; mais ceux-là même qui me jettent un regard méchant et niais, ruminant contre moi quelque petite vilenie anonyme; ils ne se doutent pas, ces derniers, qu'ils font partie de mon décor familier et qu'au besoin j'offrirais un pourboire à la Mort pour qu'elle me les laisse tranquilles quelque temps de plus...

Donc, je regarde du côté de chez tante Claire. — Et voici que je trouve mélancolique, à présent, ce vent qui me charmait tout à l'heure ; je trouve tout à coup morne et triste, ce soleil, — et désolée, cette immobile sérénité de l'air. Ces persiennes à demi ouvertes, entre lesquelles je ne verrai plus jamais, jamais, paraître son bonnet de dentelle noire et ses boucles blanches ; ce brin de réséda, qui est là tout seul me montrant innocemment une gentille tête fraîche, non, je ne peux plus continuer de regarder ces choses; — et je referme vite ma fenêtre parce que je pleure, je pleure comme un petit enfant...

***

Peut-être, mon Dieu, est-ce la dernière fois que le regret de tante Claire se produira en moi avec cette intensité et sous cette forme spéciale qui amène les larmes, puisque tout s'apaise, puisque tout devient coutume, s'oublie, et qu'il y a un voile, une brume, une cendre, je ne sais quoi, de jeté comme en hâte et tout de suite sur le souvenir des êtres qui s'en sont retournés dans l'éternel rien...

VIANDE DE BOUCHERIE

VIANDE DE BOUCHERIE

Au milieu de l'océan Indien, un soir triste où le vent commençait à gémir.

Deux pauvres bœufs nous restaient, de douze que nous avions pris à Singapoor pour les manger en route. On les avait ménagés, ces derniers, parce que la traversée se prolongeait, contrariée par la mousson mauvaise.

Deux pauvres bœufs étiolés, amaigris, pitoyables, la peau déjà usée sur les saillies des os par les frottements du roulis.

Depuis bien des jours ils naviguaient ainsi misérablement, tournant le dos à leur pâturage de là-bas où personne ne les ramènerait plus jamais, attachés court, par les cornes, à côté l'un de l'autre et baissant la tête avec résignation chaque fois qu'une lame venait inonder leur corps d'une nouvelle douche si froide ; l'œil morne, ils ruminaient ensemble un mauvais foin mouillé de sel, bêtes condamnées, rayées par avance sans rémission du nombre des bêtes vivantes, mais devant encore souffrir longuement avant d'être tuées ; souffrir du froid, des secousses, de la mouillure, de l'engourdissement, de la peur...

Le soir dont je parle était triste particulièrement. En mer, il y a beaucoup de ces soirs-là, quand de vilaines nuées livides traînent sur l'horizon où la lumière baisse, quand le vent enfle sa voix et que la nuit s'annonce peu sûre. Alors, à se sentir isolé au milieu des eaux infinies, on est pris d'une vague angoisse que les crépuscules ne donneraient jamais sur terre, même dans les lieux les plus funèbres. — Et ces deux pauvres bœufs, créatures de prairies et d'herbages, plus dépaysées que les hommes dans ces déserts mouvants et n'ayant pas comme nous l'espérance, devaient très bien, malgré leur intelligence rudimentaire, subir à leur façon l'angoisse de ces aspects-là, y voir confusément l'image de leur prochaine mort.

Ils ruminaient avec des lenteurs de malades, leurs gros yeux atones restant fixés sur ces sinistres lointains de la mer. Un à un, leurs compagnons avaient été abattus sur ces planches à côté d'eux; depuis deux semaines environ, ils vivaient donc plus rapprochés par leur solitude, s'appuyant l'un sur l'autre au roulis, se frottant les cornes, par amitié.

Et voici que le personnage chargé du service des vivres (celui que nous appelons à bord : le maître-commis) monta vers moi sur la passerelle, pour me dire dans les termes consacrés : « Cap'taine, on va tuer un bœuf. » Le diable l'emporte, ce maître-commis ! Je le reçus très mal, bien qu'il n'y eût assurément pas de sa faute ; mais en vérité, je n'avais pas de chance depuis le commencement de cette traversée-là : toujours pendant mon quart, l'abatage des bœufs !... Or, cela se passe précisément au-dessous de la passerelle où nous nous promenons, et on a beau détourner les yeux, penser à autre chose, regarder le large, on ne peut se dispenser d'entendre le coup de masse, frappé entre les cornes, au milieu du pauvre front attaché très bas à une boucle par terre ; puis le bruit de la bête qui s'effondre sur le pont avec un cliquetis d'os. Et sitôt après, elle est soufflée, pelée, dépecée ; une atroce odeur fade se dégage de son ventre ouvert et, alentour, les planches du navire, d'habitude si propres, sont souillées de sang, de choses immondes...

Donc c'était le moment de tuer le bœuf. Un cercle de matelots se forma autour de la boucle où l'on devait l'attacher pour l'exécution, — et, des deux qui restaient, on alla chercher le plus infirme, un qui était déjà presque mourant et qui se laissa emmener sans résistance.

Alors, l'autre tourna lentement la tête, pour le suivre de son œil mélancolique, et, voyant qu'on le conduisait vers ce même coin de malheur où tous les précédents étaient tombés, *il comprit ;* une lueur se fit dans son pauvre front déprimé de bête ruminante et il poussa un beuglement de détresse... Oh ! le cri de ce bœuf, c'est un des sons les plus lugubres qui m'aient jamais fait frémir, en même temps que c'est une des choses les plus mystérieuses que j'aie jamais entendues... Il y avait là-dedans du lourd reproche contre nous tous, les hommes, et puis aussi une sorte de navrante résignation ; je ne sais quoi de contenu, d'étouffé, comme s'il avait profondément senti combien son gémissement était inutile et son appel écouté de personne. Avec la conscience d'un universel abandon, il avait l'air de dire : « Ah ! oui... voici l'heure inévitable arrivée, pour celui qui était mon dernier frère, qui était venu avec moi de là-bas, de la patrie où l'on courait dans les herbages. Et mon tour sera bientôt, et pas un être au monde n'aura pitié, pas plus de moi que de lui... »

Oh ! si, j'avais pitié ! J'avais même une pitié folle en ce moment, et un élan me venait presque d'aller prendre sa grosse tête malade et repoussante pour l'appuyer sur ma poitrine, puisque c'est là une des manières physiques qui nous sont le plus naturelles pour bercer d'une illusion de protection ceux qui souffrent ou qui vont mourir.

Mais, en effet, il n'avait plus aucun secours à attendre de personne, car même moi qui avais si bien senti la détresse suprême de son cri, je restais raide et impassible à ma place en détournant les yeux... A cause du désespoir d'une bête, n'est-ce pas, on ne va pas changer la direction d'un navire et empêcher trois cents hommes de manger leur ration de viande fraîche ! On passerait pour un fou, si seulement on y arrêtait une minute sa pensée.

Cependant un petit gabier, qui peut-être, lui aussi, était seul au monde et n'avait jamais trouvé de pitié, — avait entendu son appel, entendu au fond de l'âme comme moi. Il s'approcha de lui, et, tout doucement, se mit à lui frotter le museau.

Il aurait pu, s'il y avait songé, lui prédire :

« Ils mourront aussi tous, va, ceux qui vont te manger demain; tous, même les plus forts et les plus jeunes; et peut-être qu'alors l'heure terrible sera encore plus cruelle pour eux que pour lui, avec des souffrances plus longues; peut-être qu'alors ils préféreraient le coup de masse en plein front. »

La bête lui rendit bien sa caresse en le regardant avec de bons yeux et en lui léchant la main. Mais c'était fini, l'éclair d'intelligence qui avait passé sous son crâne bas et fermé venait de s'éteindre. Au milieu de l'immensité sinistre où le navire l'emportait toujours plus vite, dans les embruns froids, dans le crépuscule annonçant une nuit mauvaise, — et à côté du corps de son compagnon qui n'était plus qu'un amas

informe de viande pendue à un croc, — il
s'était remis à ruminer tranquillement, le
pauvre bœuf; sa courte intelligence n'allait
pas plus loin; il ne pensait plus à rien; il
ne se souvenait plus.

LA CHANSON DES VIEUX ÉPOUX

LA CHANSON DES VIEUX ÉPOUX

Toto-San et Kaka-San, le mari et la femme.

Ils étaient vieux, vieux ; on les avait toujours connus ; les plus anciens de Nangasaki ne se rappelaient même pas les avoir vus jeunes.

Ils mendiaient par les rues. Toto-San, qui était aveugle, traînait dans une petite caisse à roulettes Kaka-San, qui était paralytique.

Jadis ils s'étaient nommés Hato-San et

Oumé-San (monsieur Pigeon et madame Prune), mais on ne s'en souvenait plus.

En langue nippone, Toto et Kaka sont des mots très doux qui signifient « père et mère » dans la bouche des enfants. A cause sans doute de leur grand âge, tout le monde les appelait ainsi; et en ce pays d'excessive politesse, on faisait suivre ces noms familiers du terme *San*, qui est honorifique comme monsieur ou madame (*monsieur papa et madame maman*); les plus petits des bébés japonais ne négligent jamais ces formules d'étiquette.

Leur façon de mendier était discrète et comme il faut; ils ne harcelaient point les gens avec des prières, mais tendaient les mains, simplement et sans rien dire, de pauvres mains ridées sur lesquelles il y avait déjà comme des plissures de momie. On leur donnait du riz, des têtes de poisson, des vieilles soupes.

Très petite, comme toutes les Japonaises, Kaka-San paraissait réduite à rien dans cette boîte à roulettes, où son arrière-train presque mort s'était desséché et tassé pendant une si longue suite d'années.

Sa voiture était mal suspendue ; aussi lui arrivait-il d'être très cahotée dans le cours de ses promenades par la ville. Il ne marchait pourtant pas vite, son pauvre époux, et il était si rempli de soins, de précautions ! Elle le guidait de la voix, et lui, attentif, l'oreille tendue, allait son chemin de juif-errant dans son éternelle obscurité, le trait de cuir passé à l'épaule et sondant avec un bambou la terre en avant de ses pas.

Les moments très graves, c'était quand il s'agissait de monter une marche, ou bien de franchir un ruisseau, une crevasse, une ornière, — comment se tirerait-il de là, Toto-San ?... Et il fallait voir alors la pauvre vieille s'agiter dans sa boîte : cette figure inquiète, ces yeux qui brillaient d'anxiété intelligente, malgré la buée que les ans avaient soufflée dessus pour les ternir... Évidemment la frayeur d'être chavirée était une des choses qui minaient le plus sa fin d'existence.

Que se passait-il dans leurs têtes, à ces deux vieux qui s'adoraient? Qu'est-ce qu'ils pouvaient se conter l'un à l'autre, dans le recueillement du soir? Quels souvenirs exhumaient-ils de leurs jeunes années, quand ils étaient nichés ensemble sous quelque hangar pour dormir, Kaka-San déjà encapuchonnée dans le mouchoir de coton bleu qui était sa coiffure de nuit? Comment se faisaient leurs projets de promenade, pour le lendemain, qui allait recommencer tout pareil au jour d'avant, avec la même lutte pour manger, la même décrépitude et la même misère. Avaient-ils encore des joies, de petits restes d'espérance? Avaient-ils bien encore des pensées, seulement, et pourquoi s'obstinaient-ils à vivre, quand la terre était là toute prête pour les recevoir, pour achever de les décomposer sans plus les faire souffrir ?...

Ils se rendaient à toutes les fêtes religieuses célébrées dans les temples.

Sous les grands cèdres noirs qui ombragent les préaux sacrés, au pied de quelque vieux monstre en granit, ils s'installaient de bonne heure, avant l'arrivée des premiers fidèles, et tant que durait le pèlerinage, beaucoup de passants s'arrêtaient à eux. Jeunes filles à figure de poupée et à tout petits yeux de chat, faisant traîner leurs hautes chaussures de bois; bébés nippons très comiques dans leurs longues robes bigarrées, arrivant par bandes pour faire leur dévotion en se tenant par la main;

belles dames minaudières à chignon compliqué, venant à la pagode pour prier et pour rire; paysans à longs cheveux, bonzes ou marchands, toutes les marionnettes imaginables de ce petit peuple gai, passaient devant Kaka-San qui les voyait encore et devant Toto-San qui ne les voyait plus. On leur jetait toujours un regard bienveillant et parfois, d'un groupe, quelqu'un se détachait pour leur porter une aumône; on leur faisait même des révérences, tout comme à des gens de bonne compagnie, tant ils étaient connus et tant on est poli dans cet Empire.

Et ces jours-là, il leur arrivait à eux aussi de sourire à la fête, quand le temps était beau et la brise tiède, quand leurs douleurs de vieillesse étaient un peu endormies au fond de leurs membres épuisés. Kaka-San, émoustillée par le brouhaha des voix rieuses et légères, se reprenait à minauder comme les dames qui passaient, en jouant de son pauvre éventail de papier, se donnait un air d'être encore bien en vie et de s'intéresser comme les autres aux choses amusantes de ce monde.

Mais, quand le soir venait, ramenant de l'obscurité et du froid sous les cèdres, quand il y avait une horreur religieuse et un mystère répandus tout à coup alentour des temples, dans les allées bordées de monstres, les deux vieux époux s'affaissaient sur eux-mêmes. Il semblait que la fatigue du jour les eût rongés par en dedans, leurs rides étaient plus creuses, les plissures de leur peau plus pendantes; leurs figures n'exprimaient plus que la misère affreuse et la détresse d'être près de mourir.

Des milliers de lanternes s'allumaient pourtant autour d'eux dans les branches noires, et des fidèles stationnaient toujours sur les marches des sanctuaires. Le bourdonnement d'une gaieté frivole et bizarre sortait de toute cette foule, emplissait les avenues et les saintes voûtes, contrastant avec le rictus des monstres immobiles qui gardaient les dieux, avec les symboles effrayants et inconnus, avec les vagues épouvantes de la nuit. La fête se prolongeait aux lumières et semblait une immense ironie pour les Esprits du ciel, bien plus qu'une adoration, mais une ironie sans amertume, enfantine, bienveillante et surtout irrésistiblement joyeuse.

C'est égal, le soleil couché, rien de tout cela ne ranimait plus ces deux débris humains; ils redevenaient sinistres à voir, accroupis à l'écart comme des parias malades, comme de pauvres vieux singes usés et finis, mangeant dans un coin leurs miettes d'aumône. A ce moment, s'inquiétaient-ils de quelque chose de profond et de d'éternel, pour avoir cette expression d'angoisse répandue sur leurs masques morts? Qui sait ce qui se passait au fond de ces vieilles têtes japonaises ? Peut-être rien !... Ils luttaient simplement pour tâcher de continuer de vivre; ils mangeaient, au moyen de leurs petites baguettes de bois, en s'entr'aidant avec des soins tendres; ils s'enveloppaient pour n'avoir pas trop froid, pour ne pas laisser la rosée se déposer sur leurs os; ils se soignaient de leur mieux, avec le désir d'être en vie demain et de recommencer, l'un roulant l'autre, leur même promenade errante...

Dans la petite voiture, il y avait, en plus de Kaka-San, tous les objets de leur ménage : écuelles ébréchées en porcelaine bleue, pour mettre le riz, tasses en miniature pour boire le thé et lanterne en papier rouge qu'ils allumaient le soir.

Chaque semaine une fois, Kaka-San était soigneusement repeignée et recoiffée par son mari aveugle. Ses bras, à elle, ne pouvaient plus se lever assez haut pour construire son chignon de Japonaise, et Toto-San avait appris. A tâtons, à mains tremblantes, il caressait la pauvre vieille tête qui se laissait tripoter avec un abandon câlin, et cela rappelait, en plus triste, ces toilettes deux à deux que se font les singes. Les cheveux étaient rares et Toto-San ne trouvait plus grand'chose à peigner sur ce parchemin jaune, ridé comme la peau des pommes en hiver. Il réussissait pourtant à former des coques, qu'il disposait avec un goût nippon; elle, très intéressée, suivait des yeux dans un casson de miroir : « Un peu plus haut, Toto-San!... Un peu plus à droite, un peu plus à gauche... » A la fin, quand il avait piqué là-dedans deux longues épingles en corne, qui achevaient de donner du genre à la coiffure, Kaka-San prenait encore une certaine mine de grand'mère comme il faut, une certaine silhouette apprêtée de bonne femme à potiche.

Ils faisaient aussi leurs ablutions consciencieusement : on est si propre au Japon.

Et, quand ils avaient accompli une fois de plus ce lavage, perpétuellement recommencé depuis tant d'années, quand ils avaient fini cette tâche de toilette que l'approche de la mort rendait de jour en jour plus ingrate, se sentaient-ils au moins vivifiés par l'eau pure et froide, éprouvaient-ils encore un peu de bien-être, au frais matin ?

O misère lamentable ! Après chaque nuit, se réveiller tous deux plus caducs, plus endoloris, plus branlants, et, malgré tout, vouloir obstinément vivre, étaler sa décrépitude au soleil, et repartir pour la même éternelle promenade à roulettes, avec les mêmes lenteurs, les mêmes grincements de planches, les mêmes cahots, les mêmes fatigues ; aller toujours, par les rues, par les faubourgs, par les villages, jusque dans la campagne lointaine, quand une fête était annoncée à quelque temple des bois...

Ce fut dans les champs, un matin, au croisement de deux routes mikadales, que la mort, en sournoise, attrapa la vieille Kaka-San.

Un beau matin d'avril, en plein soleil, en pleine verdure.

Dans cette île de Kiu-Siu, le printemps est un peu plus chaud que le nôtre, un peu plus hâtif, et déjà tout resplendissait dans la fertile campagne. Les deux routes se coupaient en plaine, au milieu de rizières veloutées qu'un vent léger rendait chatoyantes comme des peluches vertes. L'air était rempli de la musique des cigales qui, au Japon, sont très bruyantes.

A ce carrefour, il y avait une dizaine de tombes dans les herbes, sous un bouquet de grands cèdres isolés : des bornes carrées ou bien d'antiques bouddhas en granit assis dans des calices de lotus. Au delà des champs de riz, on apercevait les bois, assez semblables à nos bois de chênes, mais où se mêlaient quelques touffes blanches ou roses qui étaient des camélias à fleurs simples, et quelques feuillages très légers qui étaient des bambous ; puis tout au loin, des montagnes ressemblant à de petits dômes, à de petites coupoles, dessinaient sur le ciel bleu des formes un peu maniérées, mais très gracieuses.

C'est au milieu de cette région de calme et de verdure que l'équipage de Kaka-San s'était arrêté, et pour une halte suprême. Des paysans et des paysannes, habillés de longues robes en cotonnade bleu sombre à manches pagode, une vingtaine de bonnes petites âmes nipponnes, s'empressaient autour de la caisse à roulettes où la moribonde tordait ses vieux bras. Ça l'avait prise tout d'un coup en chemin, tandis que Toto-San la traînait à un pèlerinage dans un temple de la déesse Kwanon.

Les bonnes petites âmes, qui s'étaient attroupées par bienveillance autant que par curiosité, se démenaient de leur mieux pour la soigner. C'étaient pour la plupart des gens qui se rendaient, eux aussi, à cette fête de Kwanon, divinité de la Grâce.

Pauvre Kaka-San ! On avait essayé de la remonter avec un cordial à l'eau-de-vie de riz ; on lui avait frotté le creux de l'estomac avec des herbes aromatiques et tamponné la nuque avec l'eau fraîche d'un ruisseau.

Toto-San la touchait tout doucement, la

caressait à tâtons, ne sachant que faire, entravant les autres avec ses gestes d'aveugle, et tremblant plus que jamais de tous ses membres dans son angoisse.

En dernier lieu, on lui avait fait avaler, en boulettes, des morceaux de papier qui contenaient d'efficaces prières écrites par les bonzes et qu'une femme secourable avait consenti à retirer de la doublure de ses propres manches. Peine perdue, car l'heure était sonnée; l'invisible Mort était là, riant au nez de tous ces Nippons et serrant déjà la vieille dans ses mains sûres.

Une dernière contorsion, très douloureuse, et Kaka-San s'affaissa, la bouche ouverte, le corps tout de côté, à moitié tombée de sa boîte et les bras pendants, comme la poupée d'un guignol de pauvres qui serait au repos, la représentation finie.

Ce petit cimetière ombreux, devant lequel

s'était accomplie la scène finale, semblait tout indiqué par les Esprits et comme choisi par la morte elle-même.

On n'hésita donc pas. On embaucha des *coolies* qui passaient et bien vite on se mit en devoir de creuser la terre. Tout le monde était pressé, ne voulant pas manquer le pèlerinage, ni laisser cette pauvre vieille sans sépulture, d'autant plus que la journée s'annonçait chaude et que déjà de vilaines mouches s'assemblaient.

En une demi-heure le trou fût prêt. On tira la morte de sa boîte, en l'enlevant par les épaules, et on la mit en terre, assise comme elle avait toujours été, l'arrière-train recoquillé comme durant sa vie, semblable à une de ces guenons desséchées que les chasseurs rencontrent parfois au pied des arbres dans les forêts.

Toto-San essayait de tout faire par lui-même, n'ayant plus bien ses idées et gênant les *coolies* qui n'avaient pas l'âme sensible et qui le bousculaient; il gémissait comme un petit enfant et des larmes coulaient de ses yeux sans regard. Il tâtait si au moins elle était bien peignée pour se présenter dans les demeures éternelles, si ses coques de cheveux étaient en ordre, et il voulut replacer les grandes épingles dans sa coiffure avant qu'on jetât la terre dessus...

On entendait un léger frémissement dans les feuillages : c'étaient les Esprits des ancêtres de Kaka-San qui venaient la recevoir à son entrée dans le pays des Ombres.

Elle avait fait des choses très malpropres dans sa boîte, pendant le laisser-aller bien pardonnable de la fin, et les *coolies*, pris de dégoût, parlaient de jeter aussi dans la fosse tout le ménage, souillé maintenant de matières immondes : la couverture, les loques de rechange, les petites tasses et la lanterne, jusqu'à la boîte elle-même, prétendant que la peste était dedans.

Oh! alors Toto-San perdit tout à fait la tête de désespoir, en voyant qu'on allait lui enlever tous ces souvenirs; épuisé et pleurant, il se coucha dessus pour les défendre.

Mais une autre vieille mendiante qui se rendait à la fête, elle aussi, pour y ramasser des aumônes, s'arrêta et eut pitié de lui : « Je laverai tout ça dans le ruisseau, moi, dit-elle. »

Les gens qui s'étaient attroupés continuèrent donc leur chemin vers le temple de la déesse, laissant ces deux mendiants ensemble au milieu de la solitude verte où les cigales chantaient.

Dans le ruisseau d'eau courante et claire, la pauvresse lava tout avec soin, même la boîte et ses roulettes; les détritus de Kaka-San allèrent féconder les fraîches plantes qui poussaient le long de la rive et les lotus superbes dont les premiers boutons commençaient à monter des vases profondes.

Ensuite elle étendit les loques sur des branches, au gai soleil, et, le soir, tout fut sec, bien replié, bien arrangé ; Toto-San put reprendre sa route errante.

Il s'attela et repartit, par habitude de marcher en roulant quelque chose. Mais derrière lui, la petite voiture était vide. Séparé de celle qui avait été son amie, son conseil, son intelligence et ses yeux, il s'en allait au hasard, débris plus pitoyable à présent, irrévocablement seul sur la terre jusqu'à sa fin, ne retrouvant plus ses idées, avançant à tâtons, sans but ni espérance, dans une nuit plus noire...

Cependant, les cigales chantaient à pleine voix dans la verdure qui s'assombrissait sous les étoiles et, tandis que la vraie nuit descendait autour de l'homme aveugle, on commençait à entendre dans les branches les mêmes frémissements que le matin pendant la mise en terre; c'étaient encore des murmures d'Esprits qui disaient : « Console-toi, Toto-San, elle se repose dans cette sorte d'anéantissement très doux où nous sommes nous-mêmes et où tu viendras bientôt. Elle n'est plus ni vieille ni branlante, puisqu'elle est morte ; ni désagréable à voir, puisqu'elle est bien cachée parmi les racines souterraines ; ni dégoûtante pour personne, puisqu'elle est de la matière fertilisant le sol. Son corps va se purifier en s'infiltrant dans la terre; Kaka-San va devenir de jolies plantes japonaises, — des rameaux de cèdre, — des camélias simples, — des bambous... »

FIN

TABLE

AVERTISSEMENT DE L'AUTEUR I

RÊVE. 1
CHAGRIN D'UN VIEUX FORÇAT. 17
UNE BÊTE GALEUSE. 27
PAYS SANS NOM 39
VIES DE DEUX CHATTES. 47
L'ŒUVRE DE PEN-BRON. 151
DANS LE PASSÉ MORT. 175
VEUVES DE PÊCHEURS. 201
TANTE CLAIRE NOUS QUITTE. 221
VIANDE DE BOUCHERIE. 287
LA CHANSON DES VIEUX ÉPOUX 299

IMPRIMERIE CHAIX. — RUE BERGÈRE, 20, PARIS. — 13608-0-91.

Original en couleur

NF Z 43-120-B

www.ingramcontent.com/pod-product-compliance
Lightning Source LLC
Chambersburg PA
CBHW060510170426
43199CB00011B/1394